VEN-DÉ

UNA GUÍA PARA CONECTAR CADA
DÍA CON TU PODER DE VENDEDOR

CAROLINA RODRIGO FUENTES

Título: *Ven-dé*
© 2019, Carolina Rodrigo Fuentes

Autoedición y Diseño: 2019, Carolina Rodrigo Fuentes

Primera edición: marzo de 2019
ISBN-13: 978-84-09-09628-2

ÍNDICE

ENERO

1 ENERO

Un nuevo año es una oportunidad perfecta para hacer un alto en el camino y replantearte cosas que quieras cambiar. Mira de forma positiva todo lo que sucedió en tus ventas a lo largo del año. Ahora haz borrón y cuenta nueva y como si de una pizarra se tratara, coge el borrador y límpiala. Recárgate de nueva energía y descubre una nueva automatización.

¿Por qué, para qué, por quién vas a vender más este año?

Recuerda que la fe y la esperanza son pilares fundamentales de la espiritualidad y de tus ventas. Según tu fe te será dado.

No olvides en este año compartir, no me refiero solo a bienes, puedes alegrar el día a tus clientes con una sonrisa, una frase bonita; el nuevo año es una gran oportunidad para comenzar a hacerlo.

Ante ti se presentan doce meses maravillosos.

Tatúate esto en tu corazón:

Cada Día Es El Mejor Día Del Año.

2 ENERO

Día tras día vas viviendo situaciones nuevas, no hay un día igual que otro, no existe una venta igual que otra como tampoco eres el mismo vendedor hoy que ayer. Siempre estás en constante evolución, siempre aprendiendo nuevas formas e ideas nuevas. Algunos vendedores aprenden más rápidamente que otros, por lo tanto se adaptan antes a las nuevas ideas; a otros les cuesta más dar el salto, van pasito a pasito asegurándose de que cada paso que dan sea en tierra firme. Cada vendedor lleva su propio ritmo, pero lo que es inevitable es la evolución. No intentes aferrarte a cosas que quizás ya no sirvan ni te estén ayudando a avanzar en tus ventas, aunque sea arrastrándote, tendrás que avanzar y esto hará que el proceso resulte más doloroso, pues estás resistiéndote a los cambios que están sucediendo. Quizás sea tu mente con la intención de mantenerte en la zona de confort, con la idea de que lo que fue bueno en la era industrial o época de tus padres también lo es ahora. Deja de vivir de fotos amarillas. Nada de lo que hayas hecho antes o haya sido útil tiene por qué serlo ahora. Los tiempos están cambiando y lo están haciendo de forma muy rápida. ¿Verdad que no sales a vender con el carruaje de caballos como antiguamente? Pues igual que cambias tu coche debes cambiar tu mentalidad, deja de pelearte con ella, sintonízate y fluye con tus ventas.

Los Cambios En Tus Ventas Se Van A Producir Tanto si Te Dan Miedo O No Y Tanto Si Te Gustan O No.

3 ENERO

Ya han pasado tres días desde que empezó el año, los vendedores y personas de éxito buscan siempre lo mejor, por lo que para lograrlo deben tener sus objetivos por escrito, no solo los que les indica su empresa, sino los suyos propios. ¿Sabes por qué la mayoría de personas no cumplen sus objetivos? Porque realmente nos los quieren. Quizás al comenzar el año sientan esa motivación, pero al plasmarlos por escrito y paso por paso se paran a mirar el mapa, observan que el camino no es tan bonito, que quizás haya que esquivar muchas piedras, muchas pendientes, frío, calor y animales sueltos por el camino; aun así piensan que es posible. La realidad es que después de tres días la mayoría ya se han perdido por el camino. El camino al éxito no es fácil, por eso hay muy pocos vendedores que lo consiguen, solo los que están dispuestos y se comprometen a recorrer el camino pase lo que pase. Por eso te propongo que vuelvas a repasar tu listado de objetivos, que seas muy honesto contigo mismo y te digas la verdad. ¿Realmente quieres llegar a la meta? Observa tus objetivos y pregúntate: ¿Por qué y para qué? A continuación repasa lo que tienes que hacer para lograrlo. Este es tu mapa, el que te va ayudar a proveer los obstáculos de antemano, esquivar algunas piedras del camino y poder caminar más rápido. Comienza ahora a reajustar tu mapa, reoriéntate, eleva tu conciencia y piensa en grande.

Piensa En Grande Y Serás Grande.

4 ENERO

Es indispensable para un vendedor estar seguro de sí mismo, para vender tienes que creer en ti y en tus habilidades personales. Tómate tu tiempo, pero construye tu autoestima, una autoestima superior pero sana hará crecer, sin el menor asomo de duda, tus habilidades para la venta.

Tienes que dar pasos en tu vida y en tus ventas con gozo y sin miedo, aunque no te parezca tener esa seguridad para hacerlo porque cuando sabes que una cosa es correcta debes hacerla, debes confiar y decir "hágase tu voluntad, no la mía". Da el salto a lo desconocido y estate dispuesto a aceptar lo que venga.

Quizás lo que venga no sea lo que hayas pensado, imaginado o pedido, pero confía porque todo es perfecto, nunca se te va a dar nada que no puedas soportar, ya que existe una energía superior que conoce tu fortaleza y lo único que pretende es hacerte cada vez mejor y mejor vendedor, este es el motivo por el que te va a enviar sus más duras batallas.

Recuerda que suerte o mala suerte, el tiempo lo dirá.

Cuando Entiendes Que Hay Una Energía Superior Que Está Contigo, Ya No Importa Quién Está Contra Ti.

5 ENERO

El rey eres tú y la magia está en ti, por lo tanto pide más ventas y se te darán. Sal a vender cada día con la misma ilusión y entusiasmo que la de un niño en esta noche. Comienza por hacer tu carta ¡ahora!:

Queridos reyes magos:

Este año me he portado muy, muy bien, aunque en ocasiones ha sido un poco duro… pero aun así me he esforzado al máximo para conseguir todos mis objetivos.

¡Sé que soy merecedor de un millón de cosas buenas!

Para no dar mucha faena solo quiero pedir dos cosas. La primera y muy importante es:

toneladas de amor para mí, para mis productos o servicios y para mis clientes, eso es algo que no se paga con dinero y da mucha alegría… La segunda, he pensado que no estaría mal continuar logrando mis objetivos laborales y personales, con todo ello un montón de pedidos de ventas.

Muchas gracias y hasta el año que viene.

Existe La Magia, Está Dentro De Ti.

6 ENERO

Sé humilde y honesto contigo mismo.

¿Estás dispuesto a cambiar?

¿Te sientes satisfecho con todos tus clientes y con tus ventas?

¿Crees que algunos clientes deberían de cambiar, pero que tú lo haces todo bien?

Si tus respuestas son afirmativas es evidente que necesitas un cambio de actitud. Es hora de que hagas una buena limpieza en tu vida y revises tus ventas de arriba abajo. Vacía todo el contenido de tu vida, contra más contenido saques más espacio dejarás para que entre lo nuevo. No quiere decir que elimines a tus clientes, pero puedes borrar todo lo pasado que quizás te esté limitando de algún momento o situación. En ese caso renueva la visión que tenías sobre él, y comienza de nuevo. Puedes mirarlo con ojos de compasión, entendiendo que los clientes tienen su proceso, creencias, vivencias y cosas impuestas, las cuales quizás no les permita actuar de otro modo.

Pero tú tienes que estar por encima de todo esto y saber que:

Cuando Tú Cambias, Todo Cambia.

7 ENERO

Nunca envidies los avances o logros de tus compañeros o competencia.

La envidia es una suma de emociones de una pérdida de autoestima, rabia por desear lo que otro tiene, miedo de que eso disminuya tu propia valía ante los demás, tristeza por la pérdida que esto comporte, y ansia por desear lo que no se posee. Date cuenta de que tú puedes lograr lo mismo o más, pero debes hacer algo en ese sentido, no debes limitarte y quedarte sentado lamentando tu suerte; la suerte del vendedor se crea. Tú puedes alcanzar la excelencia, entrando en contacto directo con el universo y sus leyes. Debes creer que es posible y debes querer hacerlo, entonces lo harás. Puedes hacer que suceda así de rápido con determinación y profunda fe.

Si Crees Que Puedes Vender Más Ya Está La Mitad De La Venta Hecha.

8 ENERO

Obtendrás para tu vida y para tus ventas lo que estés dispuesto a conformarte, con lo que te conformes es con lo que vivirás, si te conformas con poco obtendrás poco. Si quieres mejorar debes estar dispuesto a no conformarte con menos de lo que puedes llegar a ser, tener y vender en la vida. No le pidas a Dios una carga apta para soportar tus hombros, pídele unos hombros aptos para soportar las cargas. Si por tu propia voluntad escoges una carga apta, es lo que atraerás y deberás quedarte satisfecho con algo secundario. Nunca temas a pedir unos hombros aptos, no sientas que no eres digno de ellos. Se trata de tu herencia divina, pero debes reclamarla, ¡pide y se te dará! Es tuya. No dejes que la falsa humildad te impida aceptar lo que te pertenece por derecho propio. Todo el universo es tuyo, cuídalo como un tesoro y da infinitas gracias por ello.

No Te Conformes Con Solo Ser Un Vendedor, Debes Ser Un Vendedor Exitoso.

9 ENERO

Mantén tu luz interna encendida. Así como una vela encendida puede encender otra vela.

Cuatro velas se consumían lentamente, mientras mantenían este diálogo entre ellas:

-YO SOY LA PAZ. Hay vendedores que no consiguen mantener mi luz, creo que me apagaré. Y poco a poco, su fuego se apagó.

-YO ME LLAMO FE. Los vendedores no quieren saber nada de mí. Soy muy débil y no tiene sentido seguir dando luz. Cuando terminó de hablar, una brisa pasó suavemente sobre ella y se apagó.

-YO SOY EL AMOR. No tengo fuerzas para seguir encendida. Todos los vendedores me dejan de lado, se olvidan hasta de ellos mismos. Y sin esperar más, se apagó.

De repente… Entró un vendedor y vio las tres velas apagadas.

¿Qué es esto? Las velas deben estar encendidas hasta el final.

La cuarta vela habló:

-¡YO SOY LA ESPERANZA! No tengas miedo, mientras yo tenga fuego podremos encender las demás.

Sé Un Ejemplo De Vendedor Y Cambia La Oscuridad Por La Luz.

10 ENERO

Párate, respira, conecta con tu interior, dentro encontrarás todas las respuestas. Medita, tómate tiempos de quietud y silencio. Igual que tienes otras rutinas diarias relacionadas con la salud corporal, la higiene... tienes que ocuparte de tu bienestar mental, medita para conseguir una mente feliz.

Cierra los ojos y mientras respiras, siente qué tan conectado estás con tu interior y con tu exterior.

Siéntate en calma y mientras respiras siente como tu pecho sube y baja al rededor del mismo aire.

Abre los ojos y mientras respiras lentamente, siente cuán conectado estás del éxito y del fracaso en tus ventas.

Cuando las ventas van bien, todo fluye libremente, pero es cuando las cosas no salen como queremos cuando debemos demostrar la profesionalidad y mantener la calma, no sirve de nada alzar las manos con desesperación e intentar huir de todo. Afronta tus responsabilidades y haz del silencio y confianza tu fuerza.

Las Mejores Ventas Siempre Están Por Llegar.

11 ENERO

¿Estás haciendo de tu profesión tu pasión?

Hay muchas profesiones, pero el objetivo siempre es el mismo: vivir de tu pasión. Solo así disfrutarás del camino que hayas elegido y podrás dar lo mejor de ti. Siempre está el camino fácil o el camino difícil, la elección es solo tuya ¡escoge tu propio camino!

¿Sabes lo que estás haciendo y dónde te diriges?

¿Sabes si estás en el lugar justo y en paz contigo?

Es importante que conectes con tu propósito desde el corazón. Para lograr crecer como vendedor debes convertir tu profesión en tu pasión, no hay otra forma de lograr el éxito y mantenerte feliz. No puedes dar lo mejor de ti si no estás en el lugar justo, haciendo lo que amas de manera gozosa y con amor.

Ama Tus Ventas Y Tus Ventas Te Amarán Mil Veces Más.

12 ENERO

Cuando eres niño y estás aprendiendo a andar, te caes, lo vuelves a intentar una y otra vez, esto no te desanima, ni siquiera lo piensas, simplemente lo haces hasta haber dominado el arte de andar. La perseverancia, empeño, firmeza, insistencia, paciencia, voluntad… son habilidades que tenemos desde pequeños, estas son las que necesita un gran vendedor. No consientas jamás que lo que parecen derrotas te desanimen para continuar con tu profesión de vendedor. Si se te cae una venta, sencillamente haz como cuando eras niño, levántate e inténtalo de nuevo. Nunca te digas que no puedes seguir y que la venta es demasiado difícil. Tu actitud ha de ser siempre positiva y con absoluta firmeza. Tú has elegido este camino, llegarás a tu meta final sin importar las veces que te caigas o tropieces. No estás solo, en tu interior te recargarás espiritualmente y te fortalecerás para lo que pueda traer el día.

La Perseverancia Es La Habilidad Por La Cual Las Otras Habilidades Dan Su Fruto.

13 ENERO

Nada es nuestro, nada nos pertenece, nada de lo que existe es nuestro. No son nuestros los clientes, no son nuestros los productos, no son nuestros los servicios, no son nuestras las empresas para las que trabajamos, no son nuestros los compañeros, no son nuestros el nombre y apellido que llevamos, no es nuestro el dinero, no es nuestro el cuerpo que habitamos, no es nuestra la tierra. Solo estamos en este mundo de pasada para poder disfrutar de sus bendiciones y crecer recordando.

Lo único que es real es el amor, lo único que somos capaces de percibir que transciende las dimensiones del tiempo y el espacio. No importa lo difícil que parezca vender con amor, elévate por encima de las circunstancias externas. No te quedes amarrado al materialismo que te pueden aportar tus ventas. Elige hacerlo y a continuación hazlo. No permitas que nada del exterior reprima ese amor. Mira a las nubes y concéntrate en ellas orando sin cesar y enviando gratitud.

No Hay Un A, B, C Para Vender, Solo Hay Amor.

14 ENERO

¿Qué tan lejos o cerca estás de donde quieres estar?

¿Cómo puedes llegar a donde deseas?

Hay tantas cosas maravillosas que hacer en la vida... pero ¿qué es lo que puedes hacer mejor? Encuentra lo que te gusta hacer realmente, lo que disfrutas de verdad.

¿Es vender?

No malgastes tiempo, ni energía intentando hacer otra cosa o deseando tener otras oportunidades. Esta es una oportunidad ¡hazla tuya! Está ahí para el propósito específico de hacer un trabajo concreto. Por tanto entrégate por entero a tus ventas, gózalas, pásatelo bien, no solo tú, sino que ofrece lo mejor de ti a tus clientes y compañeros que formen parte del conjunto.

Qué satisfacción más profunda disfrutar de la vida y de tus ventas, además en beneficio de todos.

Hazlo Con Pasión O Cambia De Profesión.

15 ENERO

Déjate fluir con tus ventas, sigue la corriente. Haciendo lo que tengas que hacer de forma muy simple. Relájate, haz que tu día siga su curso con naturalidad y de manera gozosa. No fuerces hoy tus ventas, suelta. La vida es maravillosa cuando dejas de poner resistencia. Haz de hoy un día especial, aparta lo que te resulte complicado. Si te vienen pensamientos negativos, sustitúyelos por positivos, da gracias y disfruta de un día de ventas como se merece. Comienza por ver la belleza a tu alrededor, si es un día lluvioso, disfruta de ver caer la lluvia, si hace frío puedes sentir que es un maravilloso día frío de invierno, disfruta al ponerte el abrigo, la bufanda, atiende a tus clientes y contágiales de la emoción que sientes de este día. Comprueba cómo con una simple actitud marcas la diferencia, que te lleva a vivir un día productivo y gozoso.

Fluye Con Tus Ventas y Deja Tu Mente Libre.

16 ENERO

Tú quieres entrar y venderle a un cliente, pero por alguna razón sientes que no es el momento. No te precipites, ten siempre presente que cuando decidas hacerlo entrarás, le llegarás y sabrás justo lo que le debes decir.

No es una pérdida de tiempo quedarte quieto y esperar a que el semáforo se ponga en verde. Ahorras mucho tiempo al final si haces lo correcto, en lugar de cruzar y exponerte al peligro de que te chafe algún coche. Si sientes que todo está bien y que es el momento, no dudes en hacerlo de inmediato. Pero cuando surge esa incertidumbre, lo mejor es esperar a que puedas ver la luz verde con claridad y así evitar tiempo e incomodidad de tal vez no poder lograrlo.

Tienes que tener claro que es una intuición y no un miedo, si es un miedo actúa de inmediato, el miedo limita todo tu potencial y solo se vence enfrentándote a él. La intuición proviene del alma y es la que te guía para lograr hacerlo desde la paz.

Confía En Lo Que Sientes Más Que En Lo Que Piensas.

17 ENERO

Da las gracias de antemano a tus clientes, incluso antes de que se produzca la venta. Cuando lo haces sientes una unidad con la vida en la que no existe la separación, pues todo es uno, el planeta no podría existir de esta manera sin las ventas. Dar las gracias es orar sin cesar, las ventas unen, es un dar y recibir con lo que crea una perfecta unidad. Agradece, habla y escucha, pero no supliques. La súplica crea separación y lo que tienes es que crear unión en todo momento. Todos somos uno, la separación es una idea de la mente. La idea de que estamos separados nos hace sentir limitados, así como los confines territoriales nos hacen olvidar que todos somos hermanos. En cada cosa se encuentra dos polos opuestos, y los opuestos son en realidad dos extremos de la misma cosa, por eso existe el vender y el mal vender. La noche no puede existir sin el día, el bien no puede existir sin el mal, los polos opuestos son dos partes de una misma unidad y se necesita para existir, si no estarían incompletas.

Reconoce la unidad en el área de las ventas ¡ahora!

Todo Es Uno, La Separación No Es Más Que Una Ilusión.

18 ENERO

Aprende de esas situaciones de ventas que te hacen sufrir, esas que te duelen y no quieres sentir. Trabaja en cómo hacer que esas experiencias duras y difíciles se conviertan en un trampolín para llegar a dar saltos mayores para tu profesión. Mantén una actitud correcta y este mismo pensamiento positivo que puede ayudarte en el proceso. Recuerda que tú tienes el completo control, tú eres el dueño de las situaciones. Por tanto la forma que tenga depende de ti. Si te enfrentas a un problema, más que un problema considéralo una situación a resolver, por tanto nunca permitas que el problema te venza, ni te controle. Considéralo como un reto y da el gran salto. Tienes que hacerlo. Debes esforzarte en pensar positivamente, pensar que detrás de un gran desafío viene una gran bendición.

Piensa en el éxito y después observa como ocurre paso a paso.

Los Desafíos Son Oportunidades Disfrazadas.

19 ENERO

A veces necesitamos tocar fondo para estar dispuestos a cambiar. Solamente cuando ya ha dolido lo suficiente, cuando estamos hartos de estar hartos, es cuando lo hacemos y decidimos una nueva forma de vida. Tienes que continuar creciendo, apuntar a la luna para poder llegar a las estrellas, tu propósito tiene que ser la perfección, apunta siempre a lo más alto, intenta una y otra vez alcanzar lo aparentemente imposible. Continúa formándote, creciendo en sabiduría y comprensión. En las ventas siempre hay algo nuevo que aprender y descubrir, eso es maravilloso. Permite abrir tu conciencia y mantenerte receptivo para no perderte nada.

El Cambio Es Inevitable El Crecimiento Es Opcional.

-John C. Maxwell-

20 ENERO

Las tres herramientas de creación son: el pensamiento, la palabra y la obra. Debes aprender a utilizarlas para que conspiren a tu favor. Permite que todo suceda, mantente alerta en estos tres puntos, obra en armonía con el universo. No es necesario el estrés, pero sí debes tomar acción ante todo en los momentos de inspiración. ¿Te ha pasado alguna vez que vas conduciendo y te acuerdas de llamar a un cliente? La mayoría de personas dejan pasar este pensamiento sin darle la mayor importancia, quizás piensan "luego le llamaré", pero ese luego ya no se hace. Cuando te ocurra esto, ¡actúa! Llama inmediatamente a ese cliente, son inspiraciones que vienen del alma, son mensajes que nos envía el universo para que tomemos acción. Debes aprender a seguir los mensajes del alma y dejar a un lado los de la mente. Si tú no tomas acción en ese momento, ese mensaje pasará de largo y se dirigirá a una siguiente persona, la cual sí tomará acción y quizás venda. O también puede ocurrir que a los pocos días ese cliente te llame o te cruces con él. Es una energía, una vibración que hemos emitido y debe de manifestarse de algún modo. Al universo le gusta la velocidad, por eso la mejor manera de hacer que las cosas pasen es tomando acción inmediatamente en el que se cree el pensamiento.

Si La Venta Está En Tu Mente Está En Tu Mundo.

21 ENERO

Si te dedicas al mundo de las ventas date cuenta de que estás enormemente bendecido, pero piensa que todos somos vendedores, por lo tanto las bendiciones están derramadas por todos nosotros. No necesitas ser un gran vendedor de profesión profesional para empezar.

Las personas tienen grandes ideas, pero se quedan analizando el mercado, competencia. No necesitas estar preparado para vender, te preparas haciéndolo. Tienes la habilidad dentro de ti, ¡despiértala! Cualquier acción que tomes al respecto es mejor que no tomar acción. Si tuviste malas experiencias con las ventas, comienza dando las gracias, deja atrás el pasado, no pierdas el tiempo mirando fotos amarillas, simplemente aprende de ellas, sigue adelante y disfruta del arte de vender. Empieza a pensar en la venta como un servicio donde ayudas, aprendes y aportas valor a los demás en todas las áreas de tu vida y no solo profesionalmente. Comprobarás que para vender, solo hay que empezar a dar.

No Necesitas Ser Un Vendedor De Profesión Profesional Para Empezar Solo Necesitas Empezar A vender.

22 ENERO

Acércate a la gente con la intención de ayudarles a resolver un problema o darles ideas de mejora, en lugar de ir a vender un producto o un servicio que ni siquiera sabes si van a utilizar. Es tan fácil de entender que por eso se hace tan difícil de aplicar; hay que tener valores, disciplinas y prioridades. Tú estás para aportar valor, no te enfoques en tus comisiones, la comisión no es un fin, la comisión es una consecuencia, la obtendrás por ley de causa y efecto. Si llevas esto a la práctica tendrás una gran ventaja sobre la mayoría de vendedores que están en este mercado. Hazlo sin temor, debes estar dispuesto a ampliar el campo en tus acciones y movimientos. Equípate con estos valores y Dios será tu guía y compañero. Estas son lecciones fundamentales de obediencia y disciplina. Serás puesto a prueba y sometido a examen, para saber que realmente estás aportando valor a tus clientes. No importan esas pruebas, si tienes la seguridad de que estás al servicio. Agradece y continúa por ese camino.

Concéntrate En Aportar Valor A Tus Clientes, Es Una Ventaja Competitiva Sostenible.

23 ENERO

El mundo de las ventas es para aquellos vendedores que hacen, no para los que piensan y no hacen. Concéntrate hoy en alcanzar tus objetivos, para ello tu nivel de energía tiene que ser superior, comprométete y toma acción masiva en cualquier cosa que te propongas hacer. Dicho de otra manera... no dejes para mañana lo que puedas hacer hoy. Dedícale tiempo, amor a lo que vayas a vender. No desatiendas ninguna de estas cosas. Pon el foco en tu meta, evita distracciones, mantente en el objetivo con perseverancia. ¿Es tu pasión tu profesión? Entonces, ¿por qué dejar para más tarde algo que es tu herencia divina ahora?

No es un sueño hermoso que quizás algún día pueda hacerse realidad, No pierdas el tiempo en la duda, ¡es ahora o nunca! Esta es la verdad y la verdad te da alas para volar alto. Conoce el verdadero significado de la libertad de la mente, cuerpo y espíritu.

No Dejes Para Mañana Lo Que Puedas Vender Hoy.

24 ENERO

Practica hoy la meditación, dirígete siempre a la fuente, obtén y siente sus beneficios. Empieza desde lo más bajo y ves encaminándote hacia arriba, experimenta el proceso de limpieza, purificación, claridad, los problemas pueden hacerse mucho más relativos, los contratiempos mucho más fáciles de llevar. El día a día del vendedor suele ser bastante estresante, muchas llamadas, visitas, email, conversaciones. Obtén el equilibro entre cuerpo/alma/mente. Puedes construir un castillo en tu interior, con cimientos tan sólidos que nadie podrá hacerlo tambalear ni destruir. Busca una mejora continua de tu propia conciencia, aprende a desacelerar tu día, detener tu tiempo cuando lo necesites para pensar, reflexionar y meditar el resultado posterior será de mayor claridad y calidad.

Eleva tu corazón con profundo amor y:

Apaga El Interruptor De Tu Descontrolada Mente.

25 ENERO

Afínate cada día antes de entrar a tocar en el gran escenario de las ventas. Como si de un instrumento musical sensible se tratara, has de ser afinado todos los días antes salir a vender. Cuando vives desde un nivel de conciencia superior eres uno con la fuente universal, no hay separación y todo funciona como uno, todo es unidad, no existe la dualidad ni siquiera en el área de las ventas. Es una vida que aunque parezca irreal es muy real, cuando estás aquí y ahora, puedes esperar que los pedidos que crees como imposibles se tornen posibles, es aquí cuando ocurren los milagros, tan solo debido a que estás viviendo y vendiendo, demostrando las leyes universales divinas, con lo que estás en armonía con las potencias más altas, operando desde un nivel de conciencia superior. Comienza el día sintonizándote con esa energía permaneciendo en el aquí y ahora, encontrando esa paz y serenidad interna.

Sea Que Lo Sepas O No, Hoy Estás Haciendo Un Pedido Para El Día De Mañana En EL Catálogo Del Universo.

26 ENERO

Una mariposa, una vez sale de su crisálida, no puede volver; un pájaro tampoco puede volver al huevo, un bebé tampoco puede volver al vientre de la madre. No hay regreso en esta vida, tienes que continuar avanzando. Si el camino se hace estrecho y dificultoso, los pasos serán más cortos, pero una vez has decidido andar, avanza hacia lo nuevo, no te quedes en lo viejo ni intentes regresar. Mira tus ventas, ¿ves evolución en ellas? No permitas que se queden estancadas, aunque sea da un paso cada día para que estas crezcan.

¿Qué puedo hacer hoy para vender un poco más?

Recopila información, analiza. No tomes decisiones desde el "yo creo", toma datos reales. Analiza en qué situación te encuentras, analiza tus ventas, observa la evolución de las mismas, piensa en los mensajes que lanzas.

¿Estás al servicio de tus clientes?

Alegra La Vida A Tus Clientes.

27 ENERO

No solo busques que el cliente compre, quédate en su memoria. Otórgale a la mente de tu cliente una experiencia de compra que jamás olvide y te tendrá siempre presente. Esto también te generara fidelidad de compra. A las personas no les gusta que les vendan, pero les encanta comprar. Acompaña al cliente en su proceso de compra y haz que su experiencia de compra se relacione con percepciones y sentimientos agradables. Cambia tu forma de aproximación, más que influenciarle, debes acompañarle y asesorarle. Conviértete en su guía de compra y no lo abandones nunca, aunque ya se haya realizado la compra, mantente con él para lo que pueda necesitar. Si la experiencia de compra es buena las posibilidades de éxito y fidelidad del cliente se incrementarán exponencialmente.

Los Clientes No Se Acordarán De Lo Que Le Vendiste, Pero Sí De Cómo Le Hiciste Sentir.

28 ENERO

Busca y concéntrate siempre en lo mejor de las cosas, de la gente y de tus clientes. El mundo está para todos, pero no todos lo vemos igual, lo mismo ocurre con tus ventas y con tus clientes, están ahí para todos, pero no todos los van a ver igual. De ti depende en lo que te quieras concentrar, tu forma de vivirlo te puede afectar negativamente o positivamente. No te dejes atraer por el caos y la negatividad, comienza a concentrarte en lo maravilloso que es tener clientes y la belleza de esta profesión. Da gracias por todo y bendice a los clientes con los que entres en contacto. Niégate en ver lo peor de los clientes, de las situaciones y condiciones, busca siempre lo mejor. Crear tu pequeño mundo en ti mismo es sencillamente concentrarte en lo mejor de todas las cosas. Cuesta el mismo trabajo que estar enfocando en lo negativo, pero produce más satisfacción, felicidad y ventas.

Concéntrate En Lo Mejor, Eso Se Reflejará En El Mundo Que Te Rodea Y En Tu Resultado De Ventas.

29 ENERO

No comprendas con la mente, sino con la conciencia superior y con el corazón. Olvídate completamente del YO y convierte tus ventas en una entrega amorosa y servicial a los semejantes. Estarás dando para recibir, únicamente cuando das puedes encontrar esa maravillosa felicidad y dicha interna que nada ni nadie puede arrebatarte. Las ventas deben ir acompañadas del servicio y el servicio a la dedicación.

Dedícate a vender y a dar servicio ahora, y siente cómo creces y te expandes al hacerlo, al expandirlo te haces uno con la vida, te elevas, inspiras y llenas de iluminación tu vida y tus ventas.

Sé Un Vendedor De Sonrisa Iluminada.

30 ENERO

¿Estás dispuesto a aprender? ¿Estás dispuesto a aceptar aprendizajes nuevos?

Algunos vendedores son más flexibles y lo hacen sin mayor dificultad, pero otros encuentran muchas dificultades para hacerlo, se cuestionan constantemente sin darse cuenta que para esta profesión es necesario estar en constante aprendizaje y que lo que ayer servía para vender, hoy puede cambiar radicalmente. Esto les causa mucha tensión y estrés en su vida y lo peor es que puede ocasionar estancamiento. Es de vital importancia cambiar las ideas y forma de pensar, porque estamos en una era de constante evolución. Has de tener valor y moverte hacia delante por caminos nuevos e inexplorados. Confía plenamente, no estás solo, solo tienes que soltar y no resistirte.

Sé como un camaleón capaz de adaptar el color de su piel, así se pose en una hoja, una rama o una piedra.

Quien Sobrevive No Es El Más Fuerte Ni El Más Inteligente, Sino El Que Se Adapta Mejor Al Cambio.

-CHARLES DARWIN-

31 ENERO

Disfruta de tus ventas, encuentra un auténtico gozo en el trabajo que realizas y en la vida. Ser vendedor es un trabajo que te aporta seguridad en ti mismo y confianza, te ayuda a progresar no solo en el área laboral, sino también como persona. Disfrutar y aprender de los compañeros, de las personas con las que haces negocios, te permite abrir tu mente y ser mucho más flexible, perfeccionar tus habilidades comunicativas, te ayuda a familiarizarte con los rechazos, comprender la importancia de lo que es aceptar un no por respuesta, permitiéndote soltar los proyectos, personas que te bloquean y valorarte más.

Sé autentico y disfruta de tu profesión. Aprende de las negativas, pero no porque la tarea esté hecha a medias y de mala gana. Ponle la mejor intención y termina todo lo que hagas, porque como vendas una cosa, así venderás todas, desde el producto más mundano hasta el más importante. Asegúrate en poner todas las vibraciones correctas en cualquier tarea que emprendas. Una vez hecho esto suelta y confía.

Como Vendas Una Cosa Así Venderás Todas.

FEBRERO

1 FEBRERO

Aprende a manejar tu vida interna y externa. Si tienes excesos de pensamientos negativos estos te pueden generar debilidad y estrés. Igual que gestionas tu tiempo es importante que gestiones tus pensamientos, esto te llevará a gestionar mejor tu energía. Si tienes baja energía no podrás cumplir con tus metas y objetivos, no podrás darles el foco adecuado. Practica la presencia, préstale energía a lo que estés haciendo en cada momento, concéntrate y dale el foco adecuado. Como vendedor pasarás por procesos en el que tengas que hacer muchas cosas al mismo tiempo. Si haces muchas cosas a la vez dispersas la energía. Imagina que todas esas cosas que tienes que hacer son como un huracán que va a mucha velocidad, esa velocidad es tu estrés y ritmo acelerado. En el centro del huracán hay un ojo, ese ojo está en calma. Tú tienes que salir como el huracán para hacer tu faena, pero una vez la terminas vuelves al ojo, a la calma, te quedas un rato y después vuelves otra vez y te diriges a realizar la siguiente faena. La idea es tomarte una pausa ente faena y faena para respirar y conectar con el momento presente.

Mantente Centrado Y En Calma Como Si Estuvieras En El Ojo Del Huracán.

2 FEBRERO

La edad es un estado mental. ¿En qué estado mental te encuentras en este instante? Eleva tu conciencia y date cuenta de que no tienes edad. Eres tan joven como el presente. Si estás en un estado de apatía debido a tu edad, pregúntate si quieres mejorarlo. Si tienes un propósito de vida vocacional e intenso, tu vida y tus ventas tendrán sentido... la edad es relativa.

Tienes el sueño de aumentar tus ventas, aumentar tus ingresos, ser un gran líder, sientes que aportas valor a los clientes, ayudándolos, compartiendo ideas, momentos. Tienes ganas de aprender, comprometerte contigo mismo, abrirte a nuevas experiencias. Te sientes conectado con la vida, con tus ventas, amas y vibras con esa pasión. Cuando creas que no puedes entender alguna situación con la mente, mantente en silencio, conecta con la mente a la fuente universal infinita, serás capaz de entender todas las cosas. La fuente de la juventud es tu conciencia.

Vive De Tu Pasión Y Olvida Tu Edad.

3 FEBRERO

Tómate tu tiempo para averiguar y sopesar tus creencias sobre los vendedores. La mayoría de limitaciones que nos impiden vender más en realidad no existen. Son creencias que nos limitan. Deséchalas y actúa como si no existieran. Toma control de tus pensamientos y condúcelos hacia tu propio éxito. ¿Qué crees? Crees que ir a vender es una guerra, todo es cuestión de suerte, vender es una manipulación, vas a molestar a los clientes, vas a engañar o mentir, no quieres presionar. Hay muchos vendedores que fracasan por sus creencias limitantes y poner en práctica esta forma de vender. Enfócate en programar tu mente con un nuevo sistema de creencias con la cuales puedes lograr la inspiración, motivación y empoderamiento. A base de repetición, afirmaciones, libros, cursos de ventas generarás un sistema de creencias sólido y efectivo que respaldarán tus resultados. No puedes vender y hacer más dinero si tus creencias son negativas.

Tus Creencias Definen Tus Ventas Todos Los Días.

4 FEBRERO

¡No tengo tiempo! elimina esta frase de tu vocabulario. Decir esta frase es incurrir en una gran mentira. El tiempo es lo único que todos tenemos por igual.

Te invito hoy a mi casa, pero no tienes tiempo. Sin embargo, si te invito hoy a mi casa para darte mil euros, probablemente sí tengas tiempo. El tiempo tiene que ver con el valor que tú le das a las cosas. Decir no tengo tiempo es considerar que lo que tengas que hacer no tiene valor en este momento. Por lo tanto, si tú no tienes tiempo para un cliente, quizás no estás valorando al cliente, no tienes tiempo para vender un producto, quizás no estás valorando el producto. Mantén el tiempo en equilibrio, tanto en tu vida personal como profesional,

Puedes decir que no está en tus prioridades, en estos momentos estoy enfocado en otras metas, tengo objetivos más importantes, no tengo ganas, el tiempo que tengo prefiero ir a visitar a otro cliente… pero por favor no te engañes más, eres dueño de tu tiempo y tú decides qué es lo prioritario para ti.

¿No Tienes Tiempo O No Tienes Definidas Tus Prioridades De Ventas?

5 FEBRERO

Podemos trabajar bien si gestionamos nuestra energía y tiempo, teniendo un propósito digno y claro. Todos nos merecemos un trabajo digno, si no lo tienes es porque no has tenido el valor de hacer un cambio. Entonces tarde o temprano te encontrarás rodando por una pendiente, hasta que te des cuenta de que te has equivocado y estés dispuesto a rectificar. Tómate un tiempo para reflexionar si lo que estás haciendo tiene que ver con la realización personal de tu vida. Elige un trabajo digno, que te haga feliz. A veces solo requiere tener valor y hacer algunos cambios. Has de empezar a dar prioridad a lo realmente importante. No es fácil de hacer cuando has tocado fondo y crees que la vida carece de propósito. Sin embargo, es lo que tendrás que hacer, comenzar a subir por muy difícil que te pueda resultar entonces. Si te esfuerzas Irás sallendo gradualmente de la desesperación, la vida empezará a cambiar y encontrarás un oficio con un propósito real.

Si No Te Gusta Dónde Estás, Muévete No Eres Un Árbol.

-JIM ROHN-

6 FEBRERO

Las ventas son importantes, pero lo verdaderamente importante es el SER. Si tienes técnicas de ventas, pero además tienes el SER muy desarrollado puedes lograr cosas maravillosas para tu vida y para tus ventas. Tu SER, todos tus dones y sabiduría son para ponerlos al servicio de los demás, nada te pertenece, verás que contra más des, más espacio dejarás para que puedan entrar cosa nuevas. Encuentra tu don y ponlo al servicio de la humanidad, cuando ya no lo necesite agradece y devuélvelo al universo, no te aferres ni intentes poseerlo, cuanto más posesivo seas, más probabilidades tendrás de perderlo. Los clientes van y vienen, pero tu SER y tu don permanecen contigo, si por el camino pierdes alguno, despídete muy educadamente con la misma profesionalidad que demostraste tener cuando llegaste y te presentaste. Quizás pueda ser este otro de tus dones.

Si Piensas Que Tu Ser, Tus Dones O Un Cliente Te Pertenecen Estás Perdiéndolos.

7 FEBRERO

Dios aprieta pero no ahoga, ponte tu mochila, asume su peso, ese peso son todas tus responsabilidades. No te cargues más peso del que te pertenecen, este hará que te hundas. Responsabilízate de ti y de tus ventas al 100%, ejecuta los pasos al pie de la letra, llega siempre hasta el final por muy difícil o pesado que parezca. Recuerda que Dios no te va a dar más de lo que puedas asumir, tienes la ayuda y fuerza para hacerlo, si no fuera así, no te lo habría puesto en el camino. A medida que vayas ejecutando irás cogiendo fuerza y confianza. De manera que podrá darte incluso más responsabilidades. El mundo necesita más vendedores conscientes en los que poder confiar para llevar el peso. Necesita gente capaz y dispuesta a hacerlo, sin temor de no poder asumirlo. Puedes vender y llegar a ser lo que te propongas si así lo decides. Niégate la posibilidad de fracaso. Tan solo cree en ti, cree en tu éxito profesional, y lo tendrás.

Sé Un Gran Vendedor, Espera Las Más Difíciles Batallas Y Vencerás.

8 FEBRERO

La paciencia es la madre de la ciencia, espera con calma a que algunas ventas sucedan. Si ya has hecho tu parte y la venta ya no depende estrictamente de ti, debes otorgarle tiempo. La venta no siempre es inmediata, en ocasiones esta se produce en el transcurso del tiempo. Confía todo sucede en el momento justo. Mantén apertura con el cliente y todo se dará con armonía y un ritmo perfecto. Continúa tu trabajo según el plan y no en su contra. Si intentas ir en contra simplemente te agotarás sin llegar a ninguna parte. La templanza da lugar a creer en ti mismo y en lo que haces, no perder tus objetivos, te da la armonía interior y fuerzas para superar las situaciones adversas y conseguir el logro en tus aspiraciones. Camina con absoluta confianza de que estás haciendo lo correcto y la venta llegará en el momento apropiado.

Muchas Veces Creemos Que Los Clientes Nos Dicen NO Cuando Solo Nos Dicen Espera.

9 FEBRERO

Hoy es un nuevo día, amanece, ama al nacer. Despiértate y saluda a un nuevo día, agradece y dibuja una sonrisa iluminada en tu rostro. Tienes la oportunidad de volver a empezar, una nueva oportunidad para construir y dar un paso más hacia tus metas, objetivos y cambiar todo aquello que no te guste. Refresca, renueva tu mente y espera lo mejor de este glorioso día. Nunca empieces el día con esfuerzo y lleno de tensión, nada de lo que pasó ayer, ni de lo que pasará mañana tiene que ver con el día de hoy. Simplemente aprende de las faltas y fracasos. Recrearte en ellas es como si tuvieras un pie encima de modo que cada vez que piensas en eso te chafará, eso te impedirá afrontar este nuevo día con un corazón ligero y alegre. Vive el presente aquí y ahora, llena tu día de grandes expectativas que te impulsen a crecer e impulsen a crecer tus resultados de ventas.

Saluda Este Nuevo Día Con Una Sonrisa Iluminada.

10 FEBRERO

Sé transparente, no puedes encontrar la felicidad verdadera y duradera con un corazón oscuro. Acepta los cambios, estamos en una era donde los clientes tienen mucha información de antemano, cada fallo y cada mentira puede ser conocida inmediatamente por todos, para vender en estos tiempos debes ser mucho más transparente. Acepta que esto es una vida de servicio, donación y completa dedicación, una vida donde el yo queda olvidado y vives para otros. Trata a tus clientes con respeto, amor y humildad, ellos se merecen la excelencia. Llegarás a entender que solo así podrás llevar una vida de ventas plena, serás enormemente bendecido. Empieza a cultivar y expandir valores, actuar con honestidad y transparencia.

La Honestidad Y Transparencia Vende.

11 FEBRERO

Cielo nuevo y tierra nueva están aquí y ahora. Tanto en tu vida como en tus ventas, todas las actividades humanas se están transformando. Hace tan solo unos años no existía el teléfono inteligente, ahora no salimos de casa sin él, cada ser humano puede conectarse a una red que abarca todo el mundo. Tan solo tienes que reconocer y aceptar lo que está sucediendo, eleva tu conciencia hasta que puedas ver todo lo que está sucediendo a tu alrededor, cuanto más la eleves con más claridad podrás ver la verdad, no habrá nada que te impida una visión plena. Es un nuevo comienzo físico y espiritual.

El negocio de las ventas debe de ser el de crear valor para el conjunto de la sociedad, tanto el amor hacia tus clientes como la tecnología permitirán nuevos modelos comerciales. No importa si lo consideras bueno o malo, es la realidad, que no quieras verlo no quiere decir que no esté sucediendo, tan solo es la ceguera de tu orgullo y arrogancia que te impiden ver todas las maravillas de tu alrededor.

El Mundo De Las Ventas Está Cambiando, ¿Y Tú?

12 FEBRERO

Qué bendecido eres al conocer la verdad y ser capaz de integrarla hasta lo más profundo de tu ser, de darte cuenta de los enormes cambios planetarios y de conciencia que estamos viviendo en todas las áreas de nuestras vidas, los cuales incluyen el área de las ventas. Estos cambios te permiten tener nuevas experiencias, aprender y crecer como persona, encontrar nuevas metas, valores y desarrollarlos, te permite flexibilidad la cual hace que cada vez te eleves más alto y te resulte más fácil mejorar en todos los niveles, las cosas no mejoran si no cambiamos algo. Por el contrario la resistencia al cambio puede ser síntoma de inseguridad o miedo, a medida que cambias descubres la fortaleza interior, los cambios traen nuevas oportunidades, nuevas metas por descubrir, nuevos clientes por conocer.

Empieza de nuevo, simplemente cambiando tus hábitos, actitud, valores hacia la vida y hacia tus ventas. No tengas ninguna duda de que todo es posible si así lo decides.

Estírate Hasta El Máximo De Tu Capacidad Y Espera Lo Mejor De La Vida.

13 FEBRERO

Cuando dudas de tu capacidad para obtener un cliente potencial, reprimes tu creación.

Si dices "Quiero un cliente nuevo", puedes empezar la creación, pero si luego añades "pero es demasiado complicado", te alejas de la misma. En otras palabras: has hecho la primera parte con tu deseo, pero luego le has puesto un muro a la creación al no creer, al no mantener la calma no permites la creación, el muro puede ser tan alto como tú lo construyas así de lejos estará la posibilidad de que ese cliente se manifieste. Pues para que tus creaciones se hagan reales físicamente, son necesarias ambas partes del proceso. Has de poner lo prioritario en primer lugar y cumplir tu parte, cuando lo haces abres todas las puertas, solo entonces se podrá obrar la maravilla en ti y a través de ti. No se puede crear a menos de que estés dispuesto a poner de tu parte.

No Malgastes Tu Tiempo Pensando En Lo Complicado; Haz Algo Al Respecto.

14 FEBRERO

Parece cursi hablar de amor en los negocios, pero no hay nada más espiritual y amoroso que las transacciones comerciales donde todo es un dar y recibir, un ganar, ganar, una retroalimentación, un intercambio de energías...... Si vendes desde la plena conciencia te darás cuenta de la gran verdad, algo que te permitirá dar el gran salto hacia una vida de ventas lleno de abundancia en todos los sentidos. Se trata de ver la realidad que te rodea constantemente incluso en el área de los negocios, ¿quién dijo que el amor solo se puede encontrar en una pareja? El amor está en todos los lados, como dice la canción, está en el aire, porque el amor eres tú, no es algo que te vaya a dar una pareja, cliente, venta, producto, servicio.... Es algo que está en ti y tú debes dar, en la misma medida recibirás. Al hacer esto ayudas, no solo a ti, a tu cliente, sino al mundo, porque estás creando una energía positiva y cuanto más claramente la veas, más rápidamente se producirá la venta. Acepta la nueva visión con firmeza en tu conciencia, no se trata de un sueño inalcanzable. Es la verdadera realidad y tú eres parte de ella.

Una Venta Que Se Hace Solo Por Dinero Es Una Venta Pobre.

15 FEBRERO

El amor es lo único que es real es un estado interior del ser, todo lo demás son cosas impuestas por la sociedad, creencias que nos limitan. No hace falta que le hables de él a tus clientes, simplemente mantén sus conversaciones, háblale sobre él mismo, sobre sus dudas, sus problemas, necesidades, oportunidades. Alábalo honestamente para que se sienta valorado, puedes alabarlo por sus hijos, su puntualidad, su coche, por recibirte, por cómo se ve hoy, si admiras algo de él, díselo.

El amor está en todas partes, solo tienes que apreciarlo plenamente y tomar conciencia de que él es el que te mantiene vivo. El amor hacia tus clientes tiene pequeños comienzos, crece y se expande cuando generas confianza, miras más allá de lo que es tu cliente, conectas con él desde el amor esto mantendrá unión, permitirá que las ventas sigan fluyendo y que nada ni nadie se interponga en el camino.

Reconoce Ese Amor Que Está Más Allá De Las Ventas.

16 FEBRERO

Piensa como un Rey, a un rey no le da miedo fracasar, sabe que el fracaso es otra piedra más en el camino hacia la grandeza.

Ante cada situación, la cual denominas fracaso, agarra la piedra y pregúntate: ¿Qué hice mal? ¿Qué pude hacer de manera diferente? No te quedes pensando en: qué hacía la piedra en medio del camino o por aún, quién puso esa piedra para que tú tropezases. Un rey recuerda perfectamente sus mejores batallas, las que le hicieron conquistar el reino. Recuerda tú a tus mejores clientes y cómo llegaste a ellos. Ensaya y programa una gestión de alta calidad en tu subconsciente, repítelo una y otra vez en tus próximas visitas. Conéctate a tu fuerza interior y te encontrarás haciendo visitas aparentemente sobrenaturales, estarás obrando acuerdo a las leyes divinas, lo cual cualquier cosa puede suceder. Nunca dejes de dar gracias y usarlas en beneficio de todos.

El Fracaso Es Una Parte Clave Del Vendedor.

17 FEBRERO

Comprométete con tu mejoramiento personal, esto permitirá que el éxito llegue a tus ventas, así mismo ocurrirá con tu vida y abundancia económica. Pero este debe ser un compromiso de verdad, del de para toda la vida. Muchos vendedores subestiman el éxito, piensan que es algo que viene por un golpe de suerte o casualidad, esto sería lo mismo que poner a competir a un atleta con sobrepeso, sin buena forma física, fumador, negativo y perezoso. No importa cuán buena persona sea, o cuán sincera sea, ni las ganas que tenga de triunfar, si el atleta no se compromete a entrenar todos los días y vencer todas estas barreras, sencillamente no obtendrá ninguna posibilidad frente a un rival determinado y bien entrenado.

Si tú no estás mejorando tus conocimientos y habilidades como vendedor, algún otro vendedor lo está haciendo por ti, cuando te enfrentes a él perderás.

Llena Tu Mente De Conocimientos De Ventas Y Tus Ventas Llenarán Tus Bolsillos.

18 FEBRERO

Abordar una venta difícil sin entusiasmo no traerá el éxito, pero cuando la abordas desde el alma con toda seguridad y auténtico deseo de que esa venta se haga, si lo haces desde lo más profundo de tu ser notarás una fuerza que viene del más allá, algo que obra a través de ti para ayudarte a llevar a cabo todo. Cada uno de los pasos que tengas que dar te será relevado, cualquier cosa puede suceder. Nunca le temas a un nuevo reto por conquistar y solo resultará lo mejor. Si la venta no se produce, habrás adquirido un aprendizaje más y esto te producirá una gran satisfacción. Da todo lo mejor en cada venta desde la más pequeña y sencilla, hasta la más grande y complicada. Abre la puerta a nuevos retos y aprendizajes, una afluencia de energías positivas y creativas fluirán desde lo más profundo de tu ser.

Cree En Ti Y En Lo Que Vendes.

19 FEBRERO

Cree profundamente en ti, en tu compañía y en el valor de tus productos o servicios.

Párate, revisa si es correcta tu escala de valores, entra en silencio, estudia si tus motivaciones son elevadas muy, muy elevadas. La teoría habitualmente está clara, pero ha llegado el momento de ponerlo en práctica y ver el resultado que te dan. Hazlo ahora y deja de perder el tiempo pensando en ellas, tienes que tener una relación directa entre tu fe, tus valores y motivaciones. Tu cliente nunca podrá creer más en ti que tú mismo, por eso es tan importante que tú tengas claro quién eres, qué valores tienes y qué motivaciones te mueven a vender y querer llegar a la excelencia en tu profesión. Todos hemos pensado alguna vez que no somos particularmente buenos para vender. Cuando un vendedor piensa así, no podrá llegar a lo más alto en un mercado competitivo.

Pon Tu Fe, Valores Y Motivaciones A Vender Y Venderás Mucho.

20 FEBRERO

Actitud, educación, amabilidad, cortesía y respeto, hacen grande los pequeños negocios.

Esta actitud puede transformar tus ventas, lo que tú hagas por tus clientes y cómo lo hagas es lo que te va hacer grande o pequeño. Incluso si has escuchado mil veces una objeción, responde siempre como si fuese un comentario valioso y digno de consideración. Dirigirte a tu cliente con solidaridad, tacto y amabilidad es un instrumento de ventas muy poderoso, los clientes perciben que te preocupas sinceramente, como resultado empiezan a apreciarte a ti como vendedor, a tus productos y empresa.

Absorbe estos valores con todo tu ser hasta que formen parte de ti, vibra con ellos totalmente, hasta que conozcas su verdadero significado. Eleva tu conciencia y date cuenta de que están en ti, solo tienes que despertarlos, nada puede separarte de ellos salvo tu conciencia ilimitada.

Actúa Y Haz Grandes Los Pequeños Negocios.

21 FEBRERO

Ama tus ventas y tus ventas te amarán mil veces más. Muestra crítica y negatividad y volverán a ti millones de veces más, lo que está en tu interior se refleja en el exterior. Cuando tu profesión, clientes o algo no te gusta, tarde o temprano saldrá reflejado en el exterior como un grano y habrá que extirparlo. Tus clientes no reflejan tu entorno, es decir, si tus clientes son negativos y tú te sientes mal, generas pensamientos y emociones con la misma polaridad, estás dejándote influir por el exterior, no funciona así en la medida que reconozcas y entiendas esto tenderás la capacidad de modificar conscientemente tus pensamientos, modificar algunos patrones en tu interior, no puedes esperar resultados diferente actuando y pensando de la misma manera. Por lo tanto no son tus clientes, eres lo que tú piensas de tus clientes, lo que ves reflejado en ellos. Cuanto antes cambies tu interior mejor, sustituye tus pensamientos negativos por pensamientos del más puro amor, armonía y comprensión.

El Cambio Lo Puedes Hacer En Un Abrir Y Cerrar De Ojos, Solo Tienes Que Decidirlo.

22 FEBRERO

¿Qué tal te ves hoy? Revisa tu imagen, esta es la primera presentación de tu producto. Revisa tu lenguaje corporal antes de entrar a un cliente. ¿Lo hiciste?

Ya tienes la mitad de la venta ganada.

Analiza al cliente, detecta sus miedos y adáptate a sus necesidades, asegúrate de si puedes mantener contacto físico y utiliza palabras amables. Habitualmente las personas están carentes de amor, tócales el hombro al darle la mano, dale dos besos, al tocarles generas confianza, creen en ti y se produce una conexión.

Ofrece la opción de ver y tocar tus productos, si es necesario permite que lo pruebe durante unos días.

Mejor Que Mil Palabras Vacías, Realiza Una Acción Que Traiga Amor.

23 FEBRERO

Eres el promedio de las cinco personas con las que más tiempo pasas. Los pájaros del mismo plumaje vuelan juntos. Un vendedor pasa mucho tiempo solo, esto no quiere decir que esté solo, habitualmente se pasa el día hablando con clientes. Tienes que buscar compañías dignas de ti, que te aporten valor, ser selectivo a la hora de escoger a las personas con las que vayas a tomar un café, a almorzar o comer. Elige a los vendedores que sumen energía, que sientas empuje y eleven tus ganas de vender, mantengan conversaciones enriquecedoras, vendedores con propósitos significativos, metas que te alienten a seguir con las tuyas, confíen en tus posibilidades. Vendedores que predican con el ejemplo son muy buena referencia.

Los Cálculos Son Fáciles Si No Vas A Sumar Ventas No Restes, Si No Quieres Volar Despéjame La Pista.

24 FEBRERO

Si eres suficientemente valiente de enfrentar tus miedos, nada ni nadie te parará en el camino al éxito.

¿Por qué habrías de tener miedo?

Los miedos en un vendedor es algo que no se habla, pero los sufrimos a diario, es algo normal ante una situación que no controlamos. El miedo no es malo si aprendes a conquistarlo, la única forma de vencer al miedo es enfrentarte a él con fe, tu fe ha de ser fuerte como una roca para poder dedicarte a esta profesión.

La fe no es algo de lo que se haya de hablar, hay que vivirlo para poder entender que no se trata de una forma de vida gloriosa ni del más allá, es muy real y se aplica a la vida diaria, la honestidad, integridad, educación, amor, ser generoso, ayudar a los clientes, respeto, gratitud..... Esto es compartir tu fe, a medida que creces en tu fe observarás cambios que influirán en tu manera de vender.

Los Clientes Potenciales Están Al Otro Lado Del Miedo.

25 FEBRERO

A nadie le gusta ser engañado, presionado, ignorado, despreciado o no querido.

¿Por qué entonces no tratas a tus clientes con respeto?

Intenta comprenderlos, ayudarlos y acompañarlos antes, durante y después de la compra. Sé muy paciente y cariñoso, simplemente se trata de tratarlos como te gustaría ser tratado, debes ser un buen ejemplo, pero no porque sea lo que se espera de ti, sino que debes hacerlo de corazón, es decir, dar lo mejor de ti en todo lo que digas, hagas o pienses y mantente en coherencia, de otra manera se notará que lo haces por cumplir y no te será fácil de llevar. Es como si ese entusiasmo aflorara por los poros de tu piel siendo eso lo que transmitirás. Obra de la mejor manera, comprueba tus motivaciones y que no haya nada egoísta en lo que hagas.

Vende Como Te Gustaría Que Te Vendieran a Ti.

26 FEBRERO

Nunca dejes de ser tú mismo, brilla con tu propia luz. Cada vendedor es una parte del universo que está formado por esa energía que nos une a todos por lo tanto cada vendedor encaja perfectamente en el molde colectivo. La Luz de tu estrella debe iluminar tu belleza tanto exterior como interior, para ello no esfuerces tu rol de vendedor, vístete a tu gusto y con lo que te sientas bien adecuado a tus clientes, producto o empresa, ten una buena actitud, pero no pierdas tu personalidad, sé educado y cauteloso con tus gestos pero sin obsesionarte. Saca lo mejor de ti, destaca tus cualidades y no dejes de ser tú mismo.

No tienes que dejar de ser tú, ni apagar tu luz, esto no te permitirá ser un vendedor exitoso. Brilla tanto que los demás vendedores y clientes quieran contagiarse de tu luz, siéntete tranquilo y seguro, permite a los demás poder gozar de tu brillo único y especial.

Sé Un Vendedor Estrella

27 FEBRERO

La venta es un dar para recibir, cuanto más das más recibes y cuanto más recibes más tienes que dar. Si quieres llegar alto no puedes dejar nada para ti, tienes seguir dando y dando, dejar espacio para llenarte cada vez más.

Si quieres vender primero tienes que dar, es decir, crear una confianza con el cliente que permita viable la venta.

En muchas ocasiones se lanzan campañas de entrega de productos gratis, muestras o dos productos al precio de uno, consejos, asesoramiento.....Todas esas promociones van dirigidas al principio de dar para recibir.

A medida que des así recibirás y solo haciendo algo semejante a lo que deseas podrás obtener los resultados deseados.

El dinero atrae el dinero, el amor más amor, el agradecimiento es retribuido con cariño y mayor gratitud.

¿Qué es lo que vas a dar hoy a tus clientes?

Dar Es Lo Que Abre La Puerta A Tus Ventas.

28 FEBRERO

Lo más importante que puedes aprender ahora en este momento es que leer este libro todas las mañana antes de empezar a vender puede transformar tus ventas.

Los vendedores de éxito son lectores, por lo que conviértete en una biblioteca humana, es decir, lee libros sobre ventas al menos uno al mes. Un adulto promedio lee un libro por año y muchos vendedores no leen nada sobre su campo profesional.

Los mayores vendedores del mundo han escrito libros sobre ventas donde puedes encontrar toda su sabiduría, aplicarla y contagiarte de su energía a través de esos libros. Hacer esto puede diferenciarte del resto de vendedores, ya que leer es para la mente lo que el ejercicio para el cuerpo, mientras más leas más información retendrás, más ideas de ventas nuevas. Leer te acerca a más velocidad hacia la cumbre de tu profesión.

Después De Leer Un Libro De Ventas Uno No Vuelve A Vender Lo Mismo.

29 FEBRERO

Mantente en equilibrio entre ambición y empatía, igual que con tu cuerpo/alma/mente. Es una combinación ideal para el éxito sostenido en el área de las ventas. Tienes que tener ambición pero con humildad, es decir, preocuparte por tu cliente, tener empatía pero con picardía.

El cliente tiene toda la información a su alcance, tiene mucha experiencia con muchos vendedores, puede saber de ti y de tus productos cuando quiera. Tienes generar confianza y preocuparte por su bienestar como si fuera tu hijo, para ello puedes imaginártelo vendiéndole dentro de diez años, esto te ayudará a empatizar.

Hazle preguntas y escucha las respuestas con atención. Domina el arte de escuchar más que el de la conversación, esto es muy importante porque es donde fallan la mayoría de vendedores, si lo consigues tendrás muchos puntos a tu favor. Mientras más tiempo inviertas en escuchar la situación de tu cliente más empatía desarrollarás.

Vender Es Tener Empatía Pero Con Picardía.

MARZO

1 MARZO

No pongas límites a tus ventas, aprende a vivir más allá de tus limitaciones humanas, los límites suelen ser autoimpuestos, es decir, solo existen en tu mente, son creencias que has ido adquiriendo en base a familiares, sociedad y propias experiencias. Si observas a un niño no tiene ninguna limitación en intentar cualquier cosa que quiera hacer. Recupera esa creatividad de cuando eras niño y aprende a pensar como él, a crear ventas sin miedo, a no poner límite, haz todo lo que te apasione, recupera la curiosidad innata por las cosas que te rodean, mira todos los clientes que puedes hacer, llámalos, visítalos, hazles preguntas, investiga, explora todo. No dejes de interesarte por todo lo que hagan, tu capacidad de aprendizaje es inmensa. Desarrolla lo que te apasiona y ponle ilusión, trabaja jugando.

La Venta Es Un Juego Que No Termina Hasta Que Tú No Vendas.

2 MARZO

¿Qué es lo que quieres de tu profesión? ¿Para qué?

Concéntrate en estas dos preguntas y visualiza tu deseo ya cumplido.

No te preocupes por cómo va a ser el camino, simplemente busca tu propia dirección interna para descubrir lo que quieres y para qué, olvídate del cómo, el universo te irá guiando, simplemente actúa según llegue sin intentar seguir los pasos de nadie más Eres libre de elegir. Tan solo encuentra la verdadera razón que no es otra que el ¿Para qué? Hazte esta pregunta hasta llegar a la raíz. Tus sueños son como un árbol, solo proporcionará buenos frutos si sus raíces son fuertes, tiene un buen abono y se riega todos los días. Tan solo encuentras verdadera paz de corazón y mente cuando sigues lo que sabes que para ti es correcto, por eso pregúntate y sigue preguntándote: ¿Para qué? Y después síguelo.

La Vida Te Dio La Oportunidad De Vender, También Te Dio La Oportunidad De Soñar Y Convertir Tus Ventas En Realidad.

3 MARZO

Cada dificultad es un reto, un impulso hacia delante, no temas, el miedo puede ayudar a salvar la vida a un animal como una gacela cuando tiene el guepardo encima, siente el miedo y se queda completamente congelada, esa inmovilidad imita a la muerte confundiendo en algunos casos al guepardo lo suficiente como para abandonar la escena. El miedo le pone en esa situación y esa situación le ayuda a salvar la vida. Tu miedo es tu YO verdadero, simplemente que viene acompañado de un ego, un YO falso, el ego se aprovecha del miedo y lo convierte en tóxico. Pero el ego espiritual, como el miedo, no es un enemigo, simplemente tienes que ser consciente de que está ahí y entender que te quiere ayudar a mejorar espiritualmente y convertirse en un ego saludable. No temas es un plan maravilloso toma parte de él y cuando sientas temor da lo mejor de ti, pensando en ayudar a tus clientes.

No Es Malo Tener Miedo, Lo Malo Es Dejar Que El Miedo Domine Tus Ventas Porque Entonces No Tendrás Ventas, solo Tendrás Miedo.

4 MARZO

¿Cómo has dormido esta noche? En ocasiones los cambios se producen por la noche.

Puede ocurrir que una fría noche de invierno te vayas a dormir y cuando te despiertes por la mañana todo está cubierto de nieve.

Lo mismo puede ocurrir contigo, cuando te vayas a dormir, aparentemente por fuera esté todo normal, pero al levantarte por la mañana te llega una inspiración y todo cambia. No ha hecho falta que hicieras nada al respecto, ha sucedido de la manera más milagrosa. Dormir representa la paz y relajación después de un largo día, en ese momento tu cuerpo pasa por una serie de cambios desde deshacer las malas ventas del día anterior, a prepararte para triunfar vendiendo al día siguiente, el cuerpo humano siempre se está preparando de muchas formas distintas para poder revelarse lo nuevo. El cambio no tiene por qué ser doloroso, pero es inevitable porque nada puede permanecer igual.

Dormir Puede Resolver Todo.

5 MARZO

La libertad a la hora de ejercer tu labor como vendedor va a ser uno de los mayores incentivos.

Generalmente un vendedor está libre, está en la calle, no encerrado entre cuatro paredes, está en contacto con miles de personas, observa la vida en vivo. Reconoce tu libertad para ascender a lo más alto. De otro modo serás como algunos pájaros enjaulados, que aunque tienen la puerta abierta y tiene oportunidad de ser libres y volar, no pueden reconocer su libertad y continúan dando vueltas en su jaula sin aprovechar sus preciosas alas, disfrutar del placer de la libertad, ni llegar a ningún lado. Puedes hacer de toda tu trayectoria como vendedor como el pájaro enjaulado, ciego y aprisionado o puedes reconocer la libertad que te brinda esta maravillosa profesión donde no hay limitaciones, jaulas, ni barreras que te retengan.

Comienza por reconocer que nada ni nadie te ata y que eres capaz de vender lo que desees.

No Hay Jaula Ni Cerrojo Que Pueda Imponer La Libertad De Tu Mente.

6 MARZO

Puedes ser feliz incluso en los momentos difíciles, en el aquí y ahora no hay espacio para el dolor y sufrimiento, el dolor está ahí, pero cuando entras en contacto con la espiritualidad puedes llegar a entenderlo y vivirlo de una manera distinta. Tienes un cuerpo físico conectado al plano material, pero también tienes una parte eterna e infinita con la cual puedes conectarte con el plano espiritual. Somos seres espirituales viviendo una experiencia física, todo lo contrario a lo que habitualmente piensan la mayoría de seres humanos. Vas a tener situaciones difíciles en tu día a día como vendedor en que las cosas no van a salir como esperas. No te resignes, puedes vivirlo de una manera diferente, practica la meditación esto hará que estés más entrenado para conectar con el momento presente. Cuando vivas ese tipo de situaciones podrás verlas de diferente manera, así mismo te ocurrirá en los momentos buenos, los disfrutarás al máximo porque en cualquier caso estarás en conexión con el aquí y ahora. Esto te llevará a un estado de felicidad continua.

Soy Un Vendedor Feliz, Aquí Y Ahora.

7 MARZO

Ser vendedor está demandado, es un trabajo que cualquiera puede hacer, requiere de muchas habilidades las cuales poseemos desde que nacemos, tenemos insistencia por aprender, negociamos, pedimos y nos esforzamos en conseguir resultados, cuando somos bebés lloramos para conseguir las cosas, en la medida que vamos creciendo vamos desarrollando habilidades, cuando aprendemos hablar negociamos mediante las palabras, conforme nos hacemos más mayores estas habilidades van perdiendo fuerza; simplemente no nos enseñan ni nos preocupamos en utilizarlas correctamente para que conspiren nuestro favor. Pero esas habilidades continúan con nosotros. Es como un molino de viento, cuando el viento sopla las aspas giran a gran velocidad. Pero en el momento que el viento cesa, las aspas dejan de girar, porque dependen por completo del viento para poder moverse. No pongas tu seguridad como vendedor en manos de nadie, la fuente de todo poder y fuerza está en tus habilidades y en tu interior.

Potencia Tus Habilidades Y Cree Firmemente En Ellas.

8 MARZO

No intentes razonar la espiritualidad en las ventas, es algo que está más allá, es algo que está en tu interior, cuanto más abierto estés mejor, pues de ese modo no hay nada que se interponga en ti como creación para obrar tus milagro. Los milagros son sencillamente las leyes del universo en acción, si fluyes con esas leyes puede suceder cualquier cosa. Estas leyes operan en el plano espiritual, en lo más alto, por lo tanto es inaccesible para entenderlo desde el plano material. Pero esto no quiere decir que no exista, existe y funciona. El plano espiritual es un plano superior que solo se puede sentir, solo se puede demostrar con tu experiencia directa. No intentes racionalizar lo que es irracional. Simplemente no me creas, compruébalo por ti mismo, compruébalo hoy mismo.

Ni Todo Lo Que Existe Se Puede Demostrar,
Ni Todo Lo Que Se Puede Demostrar Existe.

-ALBERT EINSTEIN-

9 MARZO

Algunos vendedores dicen que sus clientes son verdaderamente importantes y que los aman, pero no conocen lo que realmente es el amor. Es una pérdida de tiempo decir que amas a un cliente que en ocasiones ni siquiera has visto cuando no eres capaz de amar y respetar aquellas personas más próximas a ti, por ejemplo, compañeros, directores, jefes, familiares…. Aprende a amar a esas personas más próximas que Dios ha puesto en tu camino, entonces sabrás lo que significa el verdadero amor, por añadidura más amor y clientes te serán dados. Amar es un Don bueno y perfecto, pero si no lo aceptas y lo utilizas sabiamente y en beneficio de todos no obtendrás los resultados esperados. En ocasiones nos resulta complicado amar a una persona que nos ha causado algún daño o sufrimiento, pero es justamente esa persona la que más amor necesita, ese sufrimiento causado simplemente es una llamada de atención para reclamar amor. Elévate a lo más alto y podrás verlo desde un plano superior, solo así entenderás que el amor que puedas dar realmente te lo estás proporcionando a ti.

Ama, Haz El Bien Y No Mires A Quien.

10 MARZO

¿Cuál es tu motivo hoy para ponerte a meditar?

Un vendedor se enfrenta a diario a muchas situaciones, las cuales le pueden aumentar considerablemente el nivel de estrés, puede que necesites relajarte, puedes meditar para visualizar tus objetivos. Esto puede ser un propósito de la meditación, en los tiempos que corren ya es bastante. Practicar el arte de la meditación no significa que vayas a tener experiencias elevadas, vayas a entrar en contacto con el más allá, puede pasar en alguna ocasión si lo practicas durante un largo periodo de tiempo, pero para eso se necesita mucho entrenamiento. El objetivo final de la meditación es una conexión con el todo, donde desaparece el YO y te fundes en la totalidad absoluta. A consecuencia de esto puedes tener también revelaciones. El camino espiritual es algo que está dentro de ti, no se puede expresar con palabras. Es un sentimiento parecido a cuando eres madre por primera vez, solo la madre sabe lo que siente en ese momento y si preguntas cada madre te va a contar algo diferente sobre esa experiencia.

Haz De Tu Vida Una Meditación Y Venderás Más Y Mejor.

11 MARZO

Si quieres ser un gran vendedor necesitas conocerte a ti mismo, saber a dónde te diriges, cuáles son tus metas semanales, mensuales y anuales y qué es lo que estás haciendo para llegar a ellas. Después ir hacia delante con confianza, llevando una vida completa y equilibrada en cuerpo/alma/mente, una vida gloriosa y llena. Jamás albergues dudas de tu capacidad como buen vendedor y sé íntegro. Son esas dudas las que te impiden lograr tus metas, deja de preocuparte, aparta todo tipo de temores y dudas, ten fe y verdadero conocimiento de que todo es posible si así lo decides, todo está en ti, camina con fuerza déjate guiar por tu instinto y fuerza interior, nada del exterior puede interferir cuando estás en contacto directo con la fuente divina, siéntete a salvo y seguro, todo está muy, pero que muy bien, todo es perfecto, todo sucede mediante el plan divino establecido.

No Todas Tus Ventas Van A Ser Perfectas, Pero Todo Lo Que Sucede Tiene Un Sentido Y Una Lección Para TI.

12 MARZO

Toma consciencia de los pensamientos dominantes que pasan por tu mente durante el día, sobre todo los pensamientos que tienes sobre el mundo de las ventas.

Tan solo puedes tener un pensamiento cada vez, viene uno, se va, viene otro. Tenemos unos 60.000 pensamientos al día, la mayoría de ellos son negativos. Cuando mantienes pensamientos negativos estos van contaminando todo tu ser. Te encuentras mal, te sientes deprimido, tu luz deja de brillar, estos estados son causados por tu manera de pensar. Cuando entiendas esto inmediatamente querrás cambiar tus pensamientos hacia pensamientos constructivos, llenos de amor hacia tus clientes, mundo laboral, de hecho toda tu actitud comenzará a cambiar de forma positiva y tu vida laboral se llenara de luz, felicidad, éxito, armonía, plenitud. Cambiando tus pensamientos lo cambias todo. Eres libre de pensar cómo quieres pensar sobre tu vida, tus clientes, tus ventas.

Si Quieres Darlo Todo En Tus Ventas Comienza Por Pensar En Positivo.

13 MARZO

Nunca te quedes acusando a todo el mundo por el estado de tus ventas, debes empezar contigo mismo. Empieza en pequeño y toma acción todos los días, haciendo que tus ventas crezcan a lo grande, no importa si ahí fuera llueve, nieva, hace frío o hace calor, tu misión es la misma, ¡vender! Una planta tiene sus comienzos a través de una semilla pequeña, sin embargo esa semilla ya contiene todo para ser una planta, en el momento que sea plantada en una tierra fértil, abonada y bien regada, la planta brotará y brillará como estaba destinada. Tú contienes todo, simplemente tienes que salir y regarte todos los días haciendo visitas, llamadas, emails, dando soluciones, amando a tus clientes, agradeciendo..... Esto es para ti, como para la planta el abono. Entra en acción, plántate, riégate y abónate, ayuda a tus clientes conscientemente para que las ventas brillen y afloren como una bonita planta en primavera. Así mismo si no te gusta tu cosecha, siempre tienes la opción de cambiar tu semilla.

Planta La Semilla En Tus Ventas Y Cosecharás Los Mejores Resultados.

14 MARZO

Te dedicas al mundo de las ventas y tu misión es llevarte bien con ellas, vender desde el servicio, confianza, amor, soluciones, respeto, ejemplo.... no solo a tus clientes también al mundo. Tienes mucho trabajo que hacer y solo puedes hacer ese trabajo si estás en paz contigo mismo, inmerso en tu totalidad infinita, fuera del victimismo y críticas. Recuerda siempre: amor, felicidad, posibilidad, respeto, confianza, humildad, todos estos valores crean un ambiente adecuado y atraen hacia ti clientes y personas con una actitud afín. ¿No sería maravilloso crear un mundo de vendedores conscientes basándonos en todos estos valores y donde valorar a las personas esté por encima de todo?

¡Estate atento! Por vibración nos atraeremos y extenderemos. Conforme más seamos, más clientes y vendedores atraeremos con la misma actitud de contribución y confianza entre nosotros, encontrando esa paz que está más allá de toda comprensión.

Tú Puedes Ser El Vendedor Que Decidas Ser.

15 MARZO

En la medida que entiendes que las ventas es una profesión dedicada al servicio de las personas, aprendes a darte a los demás en servicio, esto hace que abras tu corazón y lo mantiene abierto. Cuanto más libremente y feliz te sientas al dar ese servicio, desde el amor, pasión y propósito, más recibirás. Esa es la ley del dar y recibir. No te sientas decepcionado si no te es devuelto de inmediato, tan solo se te dará en el momento justo, perfecto e indicado. Confía, ten fe has de saber que tarde o temprano se te será entregado por herencia divina, porque es una ley que no falla ¡JAMÁS! Solamente tienes que dar y olvídate del resultado, eso ya tiene encargado, no te impacientes si lo haces solo conseguirás el efecto contrario porque el universo detectará que no estás dando de corazón. Continúa haciendo y que todo fluya.

Sirve Y Serás Servido.

16 MARZO

Ser vendedor y no vender es como tener luz eléctrica y no encenderla, la habitación estará a oscuras y nunca se iluminará, a menos que decidas encender el interruptor. Lo mismo pasará si no sales a vender comprendiendo que cada pizca de éxito es debido a mucho tiempo de dedicación y trabajo duro. Utiliza todos tus dones maravillosos, técnicas de ventas, habilidades, sabiduría, pero sobre todo trabaja duro y sostenido en el tiempo. Mediante todos esos dones, tu forma de ser, servir y vivir positivamente generas luz. No consientas que nada negativo arruine tu día y apague esa luz, porque allí donde hay luz ya no permanece la oscuridad. Es posible que esto te suponga un gran esfuerzo al principio, pero recuerda que la luz del sol sale gradualmente, el sol no sale de repente y pasa de la noche al día.

Todo tiene su tiempo, sé paciente, pero camina hacia la luz. La Luz y la oscuridad forman parte de ti, es tu decisión a cuál de los dos decidas alimentar.

No Hay Ventas A Cambio De Nada, Como Tampoco Hay Luz Sin Sombra.

17 MARZO

¿Cómo perder el miedo al rechazo? busca tu propia motivación, no debes buscar la seguridad en nadie es un callejón sin salida, esta yace dentro de ti. Tus productos o servicios no tienen por qué encajar a todo el mundo esto es algo que tienes que saber, tu misión no es venderle a todo el mundo, tu misión es ayudar con tus servicios a cuantos más mejor, pero siempre pensando en el que realmente lo necesite, debes mejorar sus vidas considerablemente con tus productos. No interpretes la no necesidad erróneamente con un rechazo, no lo es o simplemente en ocasiones no es el momento, tómate el rechazo como algo positivo que te da la oportunidad para mejorarte y continuar aprendiendo. Un "no" es simplemente un ¿qué tengo que mejorar? Busca signos no solo de lo que puedes mejorar tú, también de tus productos o servicio. No te tomes nada personal, debes ser objetivo y mirar ambos lados de la balanza.

Dale Un Puñetazo Al "NO" Y Toma Las Riendas De Tus Ventas.

18 MARZO

¿Qué necesitas para tener éxito en tus ventas?

La combinación perfecta para el éxito sostenido en las ventas es AMBICIÓN y EMPATÍA.

Un deseo ardiente de conseguir ventas especialmente las más difíciles de lograr, no debes confundir ambición con avaricia esto puede limitarte en el ámbito profesional impidiendo conseguir muchos sueños y metas. La ambición no debe estar en obtener la comisión contra más mejor, ni tener que pasar por encima de los demás, esta tiene que ser sana con el fin de buscar protección, bienestar, seguridad e incluso orientar el 10% de los beneficios hacia otros seres humanos, lo que se llama diezmo. Como si de un coctel de frutas, leche y miel se tratara, la ambición debe estar combinada con la empatía, esfuérzate por comprender las ideas, sentimientos y pensamientos de tus clientes, mira y escucha sin juzgar, libérate de prejuicios y abre la mente a nuevas ideas, conocimientos y experiencias.

No te olvides de la miel, esta será tu amor y gratitud.

¿No Te Parece Un Coctel Delicioso Para La Salud De Tus Clientes?

19 MARZO

Las ventas y la tecnología son una evolución, no una revolución, simplemente te estás adentrando en un mundo con formas, leyes e ideas nuevas. No temas, simplemente mantén tu mente firme esto te permitirá avanzar sin dificultad. Hay mucho que aprender tan solo acaba de comenzar. ¡Imagina todo el alcance que puedes llegar a tener gracias a la tecnología, clientes ni siquiera soñados todavía que están esperando revelarse! Mantén en todo momento tu visión de la nueva era en ti. Te encontrarás adentrándote en ella de manera muy natural, y llegará a formar parte de ti.

Lo único seguro es que las cosas seguirán cambiando, tu actitud hacia el cambio es lo que marcará la diferencia.

La Tecnología Combinada Con El Trato Personal Es La Clave.

20 MARZO

Cuando entras en el negocio de las ventas descubres que con cada venta elevas la energía, pero cuando el negocio entra en ti esta elevada energía permanece constantemente, forma parte de tu vida cada instante estás pensando en vender, en todos los lugares encuentras personas a las que poder ayudar, no puede haber nada ni nadie que te separe ni te detenga a vender cada día más y más. Simplemente te conviertes en un apasionado por el servicio, un solucionador de problemas, el entusiasmo, la pasión, la entrega forman parte de ti a la hora de realizar negociaciones.

Igual que un labrador que prepara la tierra cada día, saca las malezas, fertiliza el terreno, selecciona las semillas adecuadas, sabe sembrarlas de modo correcto, riega y espera pacientemente a que por fin broten los frutos para después recogerlos. Para el labrador el campo es su vida y tiene la convicción de que si sigue bien los pasos los frutos llegan.

Dichoso El Vendedor Que Vende Con Pasión.

21 MARZO

No seas un vendedor dicharachero de esos que pierden el tiempo hablando de los demás en lugar de enfocarse en aprender, mejorar y crecer. Lo que digas de los demás es un reflejo de algo que está en ti, cada crítica que haces en realidad es un mensaje oculto para ti, o si por el contrario alguien está hablando de ti es señal de que algo estás haciendo bien, no te aferres a esos comentarios ¡agradéceles! Y sigue tu camino. Esto traspasado al mundo de las ventas puede ser tu competencia, lo que quiere decir que lo que diga de ti tu competencia, son simplemente mensajes que deben servirte para mejorarte y aprender nuevas lecciones. Así mismo nunca hables mal de tu competencia, compañeros, jefes, productos o servicios. Porque lo que digas de ellos es algo que está en ti y lo estarás proyectando a tus clientes.

Algunas personas aprenden muy rápido esta lección de manera que aceleran el proceso para pasar a lecciones mayores, fluyen mejor con sus ventas y clientes, permanecen unidas con todo. Este es el estado de conciencia superior que todo vendedor ha de alcanzar.

El Vendedor Que Dedica Su Tiempo Para Mejorarse A Sí Mismo No Pierde Tiempo En Hablar De Los Demás.

22 MARZO

Estás muy motivado emprendiendo, pero.... ¿ya sabes vender?

Todos los negocios necesitan vender sus productos o servicios. ¿Está en tu corazón lo que haces? Que tu proyecto perdure en el tiempo no depende solo de que sea rentable sino que debes de amarlo, es decir, venderlo dándole la importancia que se merece. Asegúrate de que hagas lo que hagas, se trate de lo que se trate, ha de ser realizado con mucha pasión, solo de este modo podrás dedicarle el tiempo necesario y venderlo con la misma pasión, la que brotará por los poros de tu piel. Cuando hagas de tu profesión tu pasión sentirás que entre tu vida, tu negocio y tus ventas no existe separación, este será uno contigo sin tener la mínima sensación de estar trabajando para ello. Es como cuando te enamoras de una persona te levantas pensando en ella, te acuestas pensando en ella, a lo largo del día tus pensamientos están enfocados en cómo puedes hacer para que se sienta cada día mejor y crezca ese amor.

Tus Ventas Serán Tan Grandes Como La Pasión Que Tengas Por Ellas.

23 MARZO

Sé un vendedor íntegro y honesto para aprender de la forma más fácil todas las lecciones que se te presentarán a lo largo de tu carrera. No te niegues a aprender, ni te aferres a querer hacer las cosas siempre de un mismo modo, de esta manera lo único que ocurrirá es que se te repitan las situaciones una y otra vez, si no es de una manera de otra. Atrévete a ser como un niño, dispuesto a aprender de todo lo que se te presente, crecer y nutrirte de conocimientos nuevos de una forma natural. No es necesario que te compliques la vida intentando entender el porqué de todo lo que ocurre, hacer esto solo puede detener el proceso, más bien tienes que saber el para qué. Y encontrarás que todo encaja a la perfección. Eleva tu conciencia ante todos los sucesos ocurridos en tus ventas y darás lugar a grandes cambios, las ventas se desarrollarán para ti sin esfuerzo alguno.

¿Estás Vendiendo Por Si Te Compran O Estás Vendiendo Para Que Te Compren?

24 MARZO

Quizás la vida no te lo haya puesto fácil, hasta que entiendas que continuar con una actitud de víctima no te está ayudando, si quieres transformar tu realidad primero tienes que empezar por ti, todos los momentos oscuros por los que has pasado han sido necesarios para hacerte más fuerte y convertirte en la persona que ahora eres, comienza ahora por ver la parte luminosa de la vida, buscando lo mejor en cada situación que surja. Si crees que es complicado, cambia tu actitud mira las situaciones desde un plano positivo, sacando el mayor aprendizaje posible de cada situación y verás lo que sucede. Todo lo que has de hacer es guardar silencio y buscar lo que está en tu interior. La respuesta está ahí, sé paciente y todo se revelará a su debido tiempo. No hay nada difícil ni complicado. Si así lo crees, es porque tú has hecho que así sea, cambia tu enfoque y deja de buscarle los tres pies al gato.

Tu Vida Y Tus Serán Tan Fáciles Como Lo Seas Tú.

25 MARZO

Un buen vendedor es aquel que se pone al servicio de sus clientes. Lo que piensas, haces y dices puede tener un tremendo efecto en tus ventas, como aquella historia que dice:

Va un vendedor de zapatos a una isla y le dice al jefe del clan:

-He venido hasta aquí para vender estos maravillosos zapatos.

-Aquí no puedes vender zapatos, todos los habitantes de esta isla van descalzos.

El vendedor muy contento llama a su empresa y les dice: Por favor preparadme un buque lleno de zapatos.

Si confiamos en el vendedor, nos dejamos asesorar y perdemos el miedo a que nos vendan, tendremos más oportunidades de mejorar nuestras vidas.

Todos vendemos y todos compramos es algo muy bonito que nos viene a recordar cuánto nos necesitamos los unos a los otros.

Date cuenta que en cada cosa, cada parte, cada momento hay lugar para una compra o venta, la meta final está en la honestidad y valores que tu tengas hacia las personas.

Aquel Vendedor Que Pierde La Honra Por La Venta, Pierde La Venta Y La Honra.

26 MARZO

Cuando tú amas y sirves a los demás, la vida te ama y te sirve a ti…… pues todo vuelve siempre multiplicado. Busca siempre dar el mejor servicio y atención a tus clientes, vender puede ser la expresión de amor más grande que existe. Anhela hacer siempre lo correcto, toma el camino recto. Todo en las ventas es un intercambio donde tú ganas el cliente gana. Ten seguridad de que cada venta que hagas con amor, cada pensamiento, cada emoción, cada palabra que decretes de tus ventas, clientes, competencia….. se te devolverá. Así mismo los problemas o conflictos que causes al prójimo retornarán de una manera inevitable, lo que haces con los demás es brindarle tu manos, así mismo abrirán las suyas cuando los necesites. Tienes libre albedrío, generarás las consecuencias según los actos que asumas.

El Eco De Las Ventas Es Dar El Mejor Servicio Y Atención, Se Te Devolverá Multiplicado.

27 MARZO

¿Qué es lo primero que has hecho nada más despertarte? Has ido al baño, te has lavado la cara, has tomado un exquisito desayuno……. tengo que decirte que lo primero que has hecho es pensar.

Ahora bien, ¿qué tipo de pensamiento has tenido, Positivo o negativo?. Quizás hayas pensado en "los días que faltan para que llegue el fin de semana", "te encantaría volverte a meter en la cama", "qué mal he dormido", "menudo día me espera"…… o por el contrario tus pensamientos han sido de agradecimiento por "todo lo que ya eres", "tus clientes que ya tienes y los que llegarán", "has pensado en tus objetivos de ventas y visualizado como si ya los tuvieras"….. así sea tu primer pensamiento así será tu día, así sea tu día así será tu vida. Cuesta el mismo esfuerzo y energía pensar en positivo que en negativo, pero sin embargo el resultado no es el mismo. Tienes libre albedrío, puedes comenzar poco a poco con un simple pensamiento de gratitud, tienes infinidad de cosas por las que puedes dar gracias solo tienes que hablar contigo y ver qué tienes, quién eres y qué quieres, comienza a agradecerlo, decretarlo y a continuación levántate de la cama y ponte en acción.

Tus Ventas Son El Resultado De Lo Que Has Pensado.

28 MARZO

Empieza el día pensando en la abundancia económica que puede traer a tu vida el hecho de que tú tengas más ventas. El dinero es energía, no es bueno ni malo, es el uso que le das, ha de ser manejado con sabiduría. Así como un cuchillo puede ser usado para cortar un exquisito trozo de pastel, también puede ser usado para matar a alguien.

Genera abundancia en tus ventas y aprende a ser un buen administrador. Tú eres el único responsable de tus ventas y de generar el dinero que quieras tener, tus actos generan resultados y puedes generar esos resultados de manera consciente. Genera la mentalidad adecuada, pon el foco en los resultados positivos, en las soluciones, en los beneficios, en las posibilidades y no tanto en las piedras del camino, en las dificultades, en las limitaciones, ni en los demás. Date cuenta de que cuando señalas algo o a alguien los otros tres dedos te están señalando a ti, la responsabilidad es tuya de nadie más.

Adopta El Papel De Vendedor Creador No De Consumidor.

29 MARZO

Nos llaman vendedores soñadores, pero somos los que menos dormimos.

Levántate temprano, sal de tu zona de confort. Tus sueños y tus ventas comienzan cuando te levantas, cuando nada más abrir los ojos empiezas a crearlos, no es un día más donde tengas que ir a trabajar, es una nueva oportunidad para disfrutar del arte de vender, de las relaciones con tus clientes y de ayudar a través de tus productos o servicios. Levantarte mínimo un par de horas antes de comenzar tu jornada te permite disfrutar de un tiempo de calidad para ti, ya que a esas hora todo está en calma y en silencio, puedes disfrutar de un buen desayuno, enfocarte hacia tus objetivos comenzando con un buen llbro, escribir tus metas del día, meditar, conectar con tu interior, disfrutar de una buena ducha..... comienza tu día con hábitos positivos y crecerá como una semilla irrumpiendo y revelando una gran belleza e integridad.

A Quien Madruga Las Ventas Le Ayudan.

30 MARZO

Pasa a la fase siguiente de tus metas, proyectos y objetivos de ventas, no tengas miedo de avanzar a pesar de la montaña rusa que estés viviendo, continúa sin desviarte del camino, disfruta del proceso con auténtica fe y seguridad, el auto no se va descarrilar, simplemente subirá, bajará y pasará por grandes curvas produciéndote mareos y desconcentración. No hay nada que no puedas superar, simplemente son cambios, no te pongas condiciones ni límites, agárrate de ti mismo con fuerza, voluntad, constancia y todo el amor puesto en tus metas. Siempre queda una cuesta más por subir, una curva más por pasar, continúa siempre adelante hacia lo más alto. En las ventas siempre hay cambios, movimiento, todo eso es crecimiento.

Lo mejor está por llegar….. siempre hay clientes por ayudar, encontrarás clientes satisfechos los cuales fidelizar, no hay mejor forma de ser feliz.

Las Ventas Siguen ¡Adelante!

31 MARZO

De tus ventas más desastrosas y traumáticas extrae el oro bruto, tómalas como un tesoro y evita quejarte, extrae de dentro del tesoro la mejor moneda de oro, cada situación de venta te está enseñando algo. Reconoce cómo percibes esa situación, recuerda si ya pasaste por algo parecido en alguna ocasión y te produce una emoción similar, pregúntate que tienes que aprender de ello, si la situación se ha repetido en bastantes ocasiones quizás sea más sencillo reconocer qué ideas tienes frente a ello y qué emociones despierta en ti. En muchas ocasiones se repiten una y otra vez las mismas situaciones negativas de ventas, es ahí donde tienes que darte cuenta de que aún no has aprendido la lección relacionada con ese tipo de situación. Cuando hayas interiorizado este aprendizaje en tu ser ya no será necesario volver a pasar por lo mismo, la situación cambiará de plano al tú haber adquirido experiencia, esta es la ventaja de tropezar tantas veces con la misma piedra.

Cada Situación De Ventas Es Un Tesoro.

ABRIL

1 ABRIL

Eres un ser único e irrepetible, no ha habido ni habrá un vendedor como tú, no existe nadie igual a ti en todo el universo, tus cualidades, talentos y virtudes son tu mejor marca personal, te definen como un vendedor con una capacidad infinita de superación. Recuérdalo en todo momento, no solo en los momentos de dificultad, también en los buenos momentos brinda por tus talentos celebrando la satisfacción y alegría que te produce una venta bien hecha, aprovecha este momento para recordar la vocación que tienes por tu profesión y que es lo que te hace especial. Recuerda quién eres, recuerda que con tu ayuda y tu luz puedes aportar beneficios a la vida de otras personas, ser consciente de ello te llenará de confianza, autoestima y amor hacia ti, hacia tu profesión y clientes.

Eres Un Vendedor Único E Irrepetible, Reconócelo Y Celébralo Cada Día.

2 ABRIL

Sé magnético, los vendedores felices y positivos suelen atraer naturalmente más clientes y por consecuencia más ventas. Esto no quiere decir que cuando llueva no te vayas a mojar, cuando haga frío o calor no vayas a sentirlo. Solo dependerá de las lentes, palabras y actitud que utilices para las situaciones. Puedes disfrutar al máximo de un estupendo día de lluvia, ver cómo resbalan las gotas de lluvia por la ventanilla de tu coche mientras llamas a algún cliente, esto es lo que reflejarás en tus clientes. Disfruta al máximo de las bellezas de la vida aunque estés trabajando, haga frío, calor, aire, lluvia son situaciones meteorológicas que están ahí para ser compartidas, y tan a menudo lo pasamos por alto e incluso lo vivimos lamentándonos, pero ¿qué ganas con ello? Sé como un niño al que no le importa cómo está el día, sé capaz de disfrutar de tus días de ventas como si de un juego se tratase, juega sin apresurarte disfruta del proceso, sal a vender para ganar sin importarte negativamente la lluvia, el frío ni el calor.

Pensar En Positivo O En Negativo Cuesta El Mismo Trabajo Y Energía, Pero El Resultado No Es El Mismo.

3 ABRIL

YO SOY el mejor vendedor del mundo. Las palabras yo soy es el principio del todo, cuando tú pronuncias las palabras yo soy te conectas con la fuente creadora, así mismo cada vez que pronuncias o piensas las palabras NO SOY, no puedo, no entiendo o yo soy en términos negativos, no solo bloqueas automáticamente la energía, sino que además estás limitándote y negando el poder ilimitado que existe en ti. Puedes comprobar cualquier carencia que tengas en tu vida como es acontecida porque te asignas las palabras no soy buen vendedor, no puedo llegar a este cliente, no entiendo a mi jefe, yo soy malísimo para vender, yo soy incapaz, yo soy desgraciado... No pronuncies las palabras prohibidas.

YO SOY son dos palabras que te darán el poder interior para alcanzar tus metas en tus ventas, tienes que saber que las palabras como los pensamientos, son creadores, estos no se los lleva el viento. Deja de utilizar el yo soy de forma negativa y comienza a crear tu vida y tus ventas utilizando el verbo creador YO SOY...... y lo que quieras manifestar, sentirás de inmediato una fuerza interior, confianza, seguridad, poder y grandeza.

Di Con Fuerza y Seguridad: ¡Yo Soy!

4 ABRIL

Debes moverte hacia tus ventas como el que va a la playa, Simplemente va con toda la seguridad de que va a ver el mar, no teme no encontrar agua. Imagínate como sería tu venta ideal y muévete hacia ella con total seguridad de que se va a dar, como cuando vas a la playa, sabes que vas a ver el mar. Siéntete con confianza y seguridad en ti mismo, tanta que consigas expansionarte en todas direcciones, con la sensación de que cualquier cosa puede suceder en cualquier momento. No temas, ni pienses en que la venta no se vaya a dar como tú esperas, no esperes nada simplemente fluye porque la venta está hecha, así como en la playa hay mar. Tienes que saber que todo ocurre como está establecido, observa y aprende de cada situación de ventas independientemente de que sea realizada como tú esperabas.

Confiar En Ti Mismo No Garantiza La Venta, Pero No Hacerlo Garantiza El Fracaso.

5 ABRIL

Ser líder en las ventas, ¿se hace o se nace?

Simba, el cachorro del Rey león, nació líder, pero con eso no era suficiente, él tuvo que experimentar su propio aprendizaje vital que le permitió desarrollarse y crecer para poder finalmente ejercer el liderazgo brillantemente. Lo mismo ocurre con los vendedores, todos nacemos con la habilidad para vender desde que nacemos tenemos la constancia, negociación, inspiración, voluntad, capacidad de aprendizaje continuo….. pero con el tiempo cada persona experimenta su propia vida, la cual nos permite desarrollarnos en mayor o menor medida en estas habilidades. Eso no significa que ya no las tengas, estas viven en ti, solo tienes que despertarlas y recuperar las que sean necesarias y vitales para conseguir el liderazgo en el área de tus ventas.

Recuerda Quien Eres Y Lidera Tus Ventas.

6 ABRIL

La vida no te dará los clientes que tú quieras, sino los que necesitas.

Clientes que te comprarán, otros negociarán, devaluarán, no te comprarán, abandonarán, amarán….. pero sobre todo te enseñarán y te ayudarán a convertirte en el vendedor que estás destinado a ser. Cuando te des cuenta de este hecho, puedes aceptarlo y saber que todo está en tu interior. Muchos vendedores están demasiado ocupados buscando el fallo en todas partes excepto en su interior. Acéptalo y jamás volverás a dirigirte al exterior para buscar respuestas a tus problemas. Simplemente disfruta de cada situación, aunque esta te parezca mala, ten fe y confía, es importante que aprendas de todo aquello que se presente y que tu actitud hacia eso sea la correcta. Enfócate en continuar atendiendo a tus clientes con amor y de un modo perfecto, que eso sea tu meta en todo momento, cuando haces algo con amor lo estás haciendo perfecto. Solo entiende que hay un tiempo y una estación para cada cosa.

Tus Ventas No Son El 10% De Lo Que Te Pasa Sino El 90% De Como Reaccionas.

7 ABRIL

Enamórate de tus ventas, conviértete en el número uno en esta área. Haz más de lo que se supone que te corresponde, involúcrate al máximo hasta el punto que esto no suponga una obligación, sino más bien una divina obsesión porque te apasiona vivir de tu profesión. Esto es una habilidad que se aprende. Al principio quizás solo te guste, pero cuando te enamoras, la profesión entra en ti, forma parte de ti y entonces ocurre el milagro, ella se enamora de ti y es cuando comienzas a generar abundancia, propósito, liderazgo. Se requiere mucho valor, constancia, dedicación interna muy profunda para que nada ni nadie sea capaz de desequilibrarte, solo así podrás llegar a ser el número uno. En la vida y en las ventas no hay atajos, debes trabajar duro, con inteligencia y paciencia. Haz lo que amas y nunca dejes de hacerlo.

Ser El Número Uno De Los Vendedores Es El Resultado De Una Divina Obsesión.

8 ABRIL

Si examinamos los negocios de algunos emprendedores exitosos, podremos observar que la mayoría de ellos nacieron desde un lugar de confianza y entrega, desde un instinto interno del emprendedor, muchos de ellos no tenían formación académica u otro tipo de habilidades avanzadas, su éxito viene de la confianza, instinto, intuición y habilidad de saber aprovechar la conciencia colectiva.

Confía en tu instinto para vender, una gran venta puede empezar por una gran idea a la que debes ponerle pasión, actuar en base a ella con confianza, no te frenes toma acción inmediatamente, entrégate al máximo en cualquier presentación de venta que vayas hacer. Escucha cada idea que provenga de tu intuición. Estas son llamadas del alma, deseos de atraer algo nuevo y viene desde lo más profundo de tu ser, quiere decir que están alineadas por la pasión y el amor.

Jamás falles a tu instinto porque él no te va a fallar a ti, no hay nada más real que tu propio cuerpo protegiéndote.

Aumenta Tus Ventas Utilizando Tu Instinto.

9 ABRIL

No hay competencia para la excelencia.

Tu cliente se merece la excelencia es merecedor de un producto y servicio excelente, enfócate en darle lo mejor y no habrá lugar ni tiempo para pensar en la competencia, concentra toda tu energía y enfoque en mejorarte a ti y tus servicios, convirtiéndote en un vendedor excelente aportando un valor extra a tu cliente, el cual te llevará a mantener relaciones que van más allá de lo que es solo una compra/venta. Haz todo lo mejor con tus talentos de vendedor, aspira a ser excelente sin compararte con ningún otro. La competencia puede destruirte, pero la excelencia construye y tiende puentes entre los hombres, porque las ventas no son como el juego de las sillas, donde solo hay sitio para los que se sientan rápido; hay sitio para todos, tu competencia no es un enemigo, al contrario, es un compañero de viaje el cual te va a permitir sacar lo mejor de ti para poder diferenciarte y llegar a esa excelencia la cual no se trata de ser el mejor, sino de hacerlo mejor.

La Excelencia Genera Clientes Satisfechos.

10 ABRIL

¿Qué tal has desayunado hoy? Después de una larga noche y un sueño reparador debes recargar la batería para empezar el día con buen pie y vitalidad suficiente. Un vendedor quema durante el día todas o casi todas las calorías y energía que le aporta un buen desayuno. No solo debes de preparar tu vestimenta y lucir bien por fuera, debes lucir energético y para esto debes cuidar tu interior, no solamente tu mente y alma, sino también tu alimentación, el desayuno debe ser la comida más importante del día, prepárate un buen desayuno equilibrado que incluya proteínas, antioxidante, una pequeña porción de grasa, fruta y cereales. Esto te permitirá comenzar el día con energía suficiente para afrontar cualquier reto. Mímate y concédele a tu desayuno la importancia que se merece, no hay nada como tener tiempo por la mañana para prepararte un desayuno saludable, disfrútalo en el silencio de la madrugada donde todo es más tranquilo y calmado, quizás tengas alguna ventana y puedas disfrutar de sus vistas mientras desayunas.

Desayuna Como Un Rey.

11 ABRIL

La mentalidad positiva es de vital importancia para ser un vendedor de éxito, debes enfocarte siempre en positivo hacia el logro de tus ventas, mantenerte firme en esas creencias, la reprogramación positiva sobre tus creencias debe ser continua. No sé la edad que tienes, pero tienes que saber que todos esos años, has estado programado con un tipo de creencias que no te estaban permitiendo llegar a donde tú querías. Ahora ya eres consciente y debes continuar aumentando tu consciencia reprogramándote no solamente mediante meditaciones, lecturas, audios, cursos.... debes hacerlo también a lo largo del día, precisamente en esos momentos es cuando más lo necesitas porque es cuando tu mente va a su ritmo, es donde vuelve a sus pensamientos acomodados. Para ello puedes llevar anclajes que te recuerden tus objetivos y recuerden a tu mente que tú eres la que mandas, esto te ayudará a reconducirla hacia lo que tú quieras conseguir. Un buen truco es hacerlo mediante la música que escuches en tu auto, intenta cambiarle la letra y enfocarla hacia algo positivo, muchas canciones de amor que se centran en el otro, cámbialo por ti.

Ejemplo: Te amo más que nunca y no sé por qué = me amo más que nunca y sé por qué.

La Música Es El Lenguaje Universal.

12 ABRIL

¿Quieres vender para estar cómodo o quieres ser un vendedor exitoso y hacer de tu profesión tu pasión? Ponte en coherencia, muchos vendedores no saben lo que quieren ni para qué, todos quieren tener mucho éxito en sus ventas y abundancia económica, pero también quieren estar cómodos, eso es un problema porque no es posible. Nos han vendido que una persona de éxito tiene comodidad porque nos muestran las fotos de su mansión, sus viajes, su lujoso coche.... pero es una gran mentira, no conozco ninguna persona de éxito en las tres áreas importantes de la vida salud, dinero, amor que no haya o estén trabajando mucho por mantener ese equilibrio, por sus sueños y resultados. La diferencia está en que disfrutan haciéndolo, aman y valoran lo que tienen y trabajan constantemente para que crezca, dentro del esfuerzo no hay sacrificio al contrario su vida gira en torno a eso. Para llegar a ser un vendedor de éxito debes ponerte incómodo hasta que esa incomodidad se convierta en tu mayor comodidad, amar tus ventas y en la misma medida o más tus ventas terminarán amándote a ti. Si por el contrario lo que quieres es estar cómodo no aspires a ser un vendedor de éxito, confórmate con ser un simple vendedor.

¡Ponte Incómodo Y Vende!

13 ABRIL

¿Estás dispuesto a ver más allá de tus clientes? Puedes tomarte las ventas como un proceso de aprendizaje continuo, estás en la universidad de las ventas donde tú eres el alumno dispuesto a tomar lecciones y aprendizajes como la clave más importante para el éxito en tus ventas. Tienes que estar dispuesto a desarrollar tus habilidades de manera continua para poder crecer; tus clientes, competencia, compañeros, situaciones, son tus maestros, solo tienes que observarlos y entender qué es lo que te están reflejando, mirando un poquito más allá de lo que normalmente vemos desde el exterior, conéctate con ellos desde el corazón de alma a alma, sintiendo esa conexión que te permitirá llegar a verlos como algo más que un simple cliente, haciéndoles sentir el mismo amor el cual te abrirá las puertas a una venta productiva y afianzada basada en una agradable emoción. Si consigues esto estarás dándole al cliente un valor añadido el cual valorará porque nadie más podrá dárselo. Cuando consigas conectarte de esta manera con tus clientes, las ventas te parecerán mucho más divertidas, porque reconocerás que todas las situaciones y personas tienen mensajes para ti y tu misión será ayudarlas y poner luz.

Más Allá De Las Ventas Están Las Personas.

14 ABRIL

¿Tu camino son las ventas?

Imagínate que tienes un montón de flechas en tu mente, cada una de ellas apunta en una dirección, ninguna sabe cuál es la dirección que debes tomar, no le preguntes a nadie todos están fatal de la cabeza y cada uno te indicará su dirección. Solamente tú puedes saber si el camino de las ventas es el correcto para ti porque lo tienes en lo más profundo de tu ser, no está en tu mente, está más allá de toda comprensión, si tienes dudas al respecto adéntrate en tu interior y busca la verdad. Cuando sabes algo desde dentro, nada ni nadie puede hacerte dudar, se trata de una pasión, es algo tan personal que no te importaría si el mundo entero fuera en contra tuya, diciéndote que te has equivocado de camino, simplemente continúas con confianza y no permites que nadie te desequilibre lo más mínimo. Es como mágico, como cuando estás en alguna situación difícil y todo el mundo te dice lo que tienes que hacer, no haces caso, hasta que llega el día que escuchas a tu alma, y entonces tomas la decisión, sin importarte nada de lo que has visto u oído anteriormente, conduciéndote a una paz interna que estaba ahí.

El Camino Hacia Tus Ventas Solo Lo Sabes Tú.

15 ABRIL

¿Quién eres tú, una oruga o una mariposa? ¿Eres polvo de estrellas o eres las cosas que sueñas?, ¿eres un simple vendedor o eres un vendedor de éxito?, ¿dónde te encuentras en la escalera de las ventas? Ponte en primer lugar, conócete, encuentra tu verdadero ser, ¿Qué sientes?, ¿hacia dónde te diriges? No importa cuántos roles hayas tenido en tu vida, si ahora eres un gran vendedor o pequeño, si eres una oruga o ya eres mariposa. Como dijo Sócrates: "Solo sé que no sé nada", frase que expresa el no verte a ti mismo como portador del saber, sino con la voluntad y humildad de querer saber cada día más, por más que sepas de ventas recuerda que siempre hay algo nuevo por aprender. Sé como la oruga, ella no sabe a qué ha venido, no sabe qué va a pasar, cuando llega la hora se encierra en su capullo y confía en el proceso, hasta que finalmente se convierte en mariposa y puede disfrutar del mundo y los paisajes que le rodean tranquilamente.

Saber Es Saber Que No Sabes Nada, Ese Es El Significado Del Verdadero Conocimiento.

-SÓCRATES-

16 ABRIL

Mantén el foco y concentración en tu objetivo, gestiona tu tiempo sabiendo qué es lo más importante en cada momento, ten cuidado con los ladrones del tiempo todos esos estímulos que te rodean y te intentan separar de tu objetivo prioritario de ventas, WhatsApp, internet, correos, videos, incluso las personas con las que te rodeas…. todos esto son estímulos que debes aprender a manejar con cuidado, sobre todo en horas de trabajo. Debes aprender a utilizarlo como las herramientas básicas que son para un vendedor, pero haciendo que jueguen siempre a tu favor. Igualmente las personas con las que te rodees si son negativas pueden infectarte, con su mala energía arruinarán todas tus posibilidades de éxito, por el contrario si son positivas pueden impulsarte, escoge con cuidado tu grupo de amigos y asociados en las ventas. El tiempo es uno de los factores más importantes en nuestra vida, porque hay cosas que puedes recuperar, pero el tiempo no es una de ellas.

El Tiempo Es Oro.

17 ABRIL

No eres un cuerpo encarnado en un alma, más bien eres un alma encarnada en un cuerpo humano. Solamente tienes que dejarte sentir, comienza hoy por sentir todas las emociones que te despierten tus clientes o situaciones, no temas sentir todo, cada sentimiento despierta en ti una emoción que te permitirá conocer mejor quien realmente tu eres, cuál es tu misión en el área de las ventas y cuáles son tus verdaderos sueños. Para ello siente todas las emociones, no las reprimas, no las etiquetes como buenas o malas, son parte de ti y merecen tu atención; escucha atentamente lo que tienen que decirte, siéntelo, pero sin creerte la historia mental que te hayas montado de esa emoción que te produce este cliente o situación, es decir, si sientes rechazo, siente el rechazo, pero no lo juzgues, ábrete a sentirlo sin más; es como si una parte de ti que solía estar oculta fuera aceptada, no la reprimes, la transclendes dejando así un terreno fértil para que brote de ti una nueva fortaleza, inspiración necesaria para nuevas soluciones, crecer y expandirte en el área de las ventas.

Lo Que Rechazas Te Somete, Lo Que Aceptas Te Libera.

-Carl Gustav Jung-

18 ABRIL

Las ventas son lo que se hace de ellas.

¿Por qué no encuentras lo mejor de cada situación y disfrutas al máximo, sin importar con qué cliente estés y lo que estés vendiendo?

Nunca malgastes tiempo ni energía intentando estar en alguna otra parte o haciendo algo distinto. Quizás no siempre entiendas el porqué del momento o situación en la que te encuentras, pero puedes estar seguro de que hay una buena razón y de que de esa situación siempre trae una lección por aprender. No luches contra ello; averigua cuál es la lección y aprende con rapidez para poder continuar. ¿Estás teniendo problemas con tus ventas? Significa que estás progresando, el crecimiento de tus ventas se produce resolviendo problemas, enfrentando cambios y adversidades. Deja de resistirte, sencillamente acepta y aprende las lecciones. Una planta no se resiste al crecimiento o al cambio simplemente fluye con ellos. Adáptate a tu momento vital siempre con el objetivo de encontrar el sentido a tu vida y disfrutar en armonía tu forma de vivir tus ventas.

Cada Situación De Ventas Viene Con Lo Que Necesitas Para Aprender.

19 ABRIL

No puedes empezar la casa por el tejado. Comienza por los pequeños clientes y después extiende desde ellos. Siembra semillas en tierra fértil, lo que siembres hoy es lo que cosecharás mañana, cuida a tus clientes por pequeños que sean y observa cómo a través de ellos crecen tus ventas, florecen y dan su fruto. Incluso en esos clientes de corazones más duros, siembra semillas de amor y confianza en ellos, trátalos con atención, comprensión y cariño, quizás a esa semilla les cueste más germinar, pero al final crecerán, no puede ser de otra manera. Por eso que ningún cliente te parezca un caso desesperado, sencillamente estos clientes son los que más amor necesitan, si consigues tratarlos poniendo en ellos toda atención y amor, estos son los que mejor fruto te darán, no intentes justificar sus actos, deja de echarles la culpa, busca en tu propio corazón, resuélveles el problema desde tu interior y encuentra la venta perfecta de corazón y mente. De este modo puedes dirigirte a cualquier cliente con la verdad y libertad, irradiando cada vez más luz.

En Los Clientes De Corazones Duros Se Encuentran Los Mayores Tesoros.

20 ABRIL

¿Cómo puedes transformar los problemas de tus clientes en ventas y los rechazos en paz mental? Comienza a ser agradecido con todos los problemas que no tienes, piensa en tus clientes que tienes los cuales te gustaría seguir teniendo, clientes que no tienes y te gustaría tener, y a continuación da gracias por todos esos que tienes, los que recibes y los que vas a recibir; nunca dejes de dar las gracias, a medida que lo hagas estos se incrementarán. Con esta actitud positiva hacia tus clientes te darás cuenta de cuán bendecido eres y el mismo acto de ser agradecido atraerá lo mejor hacia ti, la gratitud te ayuda a expandir tu conciencia, mantener la mente y el corazón abiertos. La gratitud es un imán para atraer lo que se quiere por ello es una de las cosas que primero nos enseñan desde pequeños. Agradece desde el amor sin esperar nada a cambio, debe ser sincero para que así se perciba.

Entre Más Agradecido Seas Con Tus Clientes Más Ventas Que Agradecer Te Llegarán.

21 ABRIL

El agua cuando se estanca se pudre, lo mismo ocurre con tus pensamientos limitados, miedos, carencia, faltas….. estos estancan tu conciencia causando bloqueos y un flujo constante de mismos pensamientos limitados, estos pensamientos se estancan, se detienen y se pudren afectándote a tu cuerpo interior y físico. Reconoce que eres un ser ilimitado, por lo tanto tus ventas pueden ser ilimitadas, abraza tus imperfecciones benefíciate de estas para vender más y mejor. Una vez aceptes tus defectos nadie puede utilizarlos en tu contra, esto permite que tu conciencia se expanda cada vez más, permite que fluya la circulación de pensamientos empoderantes, permite que haya un constante dar y recibir entre tus clientes y tú. Da un paso, cada día y con cada pensamiento define tu día de ventas. No se equivoca el río cuando al encontrar una enorme piedra en el camino, se desvía para seguir avanzando hacia el mar. Se equivoca el agua que por temor de equivocarse se estanca se pudre en la laguna. El error más grande lo cometes cuando por temor a equivocarte, permites que tus pensamientos e imperfecciones te limiten a la hora de vender.

Siempre Trata De Que Tus Ventas Sean Como El Agua Que Fluye, Si No Te Mueves Se Estancan Y Lo Que Se Estanca Se Pudre.

22 ABRIL

Hay cosas que no entenderás, ni falta que hace, lo que hace falta es que las experimentes. Las ventas no es cuestión de buena o mala suerte. No se trata de que a ti sí y a ti no, la vida no funciona así. No te tires piedras en tu tejado, no te veas más pequeño de lo que eres, para ello date cuenta de que cuando te mueres lo que sale del cuerpo es tu alma y lo que se queda es el cadáver, lo que quiere decir que tú eres un alma con un traje que se llama cuerpo. Lo que da vida a tu cuerpo es tu alma, ella da vida a tu materia por eso debes de entender que eres un ser divino, eres una maravilla del universo, puedes tener lo que quieras en tu vida y en tus ventas, dirige tus pensamientos hacia lo que quieres, no hacia lo que no quieres y tendrás éxito en tus ventas, es así de simple. Elimina la palabra surte de tu vocabulario y empieza a crearla, manifestarás milagros para tus ventas, reclámalos ¡ya!

Confía En El Plan Que Tiene Tu Alma Aunque No Lo Entiendas Y Ten La Certeza De Que Todo Saldrá Bien.

-DEEPAK CHOPRA-

23 ABRIL

Las palabras no se las lleva el viento, las palabras es el pensamiento hablado, siempre que hablamos estamos decretando, estos decretos después se manifiestan en lo exterior. Todo lo que sale de tu boca del corazón proviene, por lo tanto verifica que todo sea positivo, de lo contrario no te sorprendas ni te quejes si al expresarlo lo ves ocurrir. De la manera en la que hables y las palabras que uses para tus ventas, clientes, competencia, compañeros, empresa.... va a depender el resultado. ¿Quieres recibir resultados positivos en tus ventas? Habla palabras que produzcan cosas positivas, es importante que tengas siempre presentes las consecuencias de tus palabras, analiza qué es lo que vas decir y cómo lo vas decir, analiza también tu diálogo interno, ¿cuáles son tus creencias como vendedor? Es decir cómo te hablas a ti mismo, este diálogo interno que mantienes durante todo el día contigo mismo es muy importante, ya que dará origen a tus pensamientos, sentimientos y palabras los cuales crearán una realidad en los resultados de tus ventas.

Cuida Las Palabras Que Se Cruzan Por Tu Mente.

24 ABRIL

Nunca te quejes de tu ambiente o de quienes te rodean, hay quien en tu mismo ambiente o peor supieron vencer. No te quejes de tus pocas ventas, de tu soledad, tu mala suerte, nada es bueno ni malo, solo depende del enfoque que tú le quieras dar y de la voluntad y fortaleza de tu corazón. Toda situación difícil es una oportunidad para crecer, aprender y enfrentarte con valor porque de alguna u otra manera son resultados de tus actos, no hay fracasos sino aprendizajes. Hazte responsable y no cargues a otros tus circunstancias, acéptate y no sigas justificándote como un niño, deja de engañarte, eres la causa de todo. Aprende de los mejores vendedores, de los fuertes, de los vencedores, imita a los energéticos, a quienes vencieron a pesar de las circunstancias. Piensa menos en tus problemas y más en tu trabajo y tus problemas por falta de alimento morirán. Recuerda que en tu interior hay una fuerza que todo puede hacerlo, recuerda que tú eres tu destino, lo que eres ahora es causado por tu pasado y lo que serás mañana será la causa de tu presente. Decide vender más y mejor y triunfarás en tus ventas.

Tú Eres El Único Responsable De Tus Ventas.

25 ABRIL

No puedes quedarte esperando en el sofá sin hacer nada, los pedidos no caen en tus manos, los clientes no caen del cielo, sal a vender con determinación y haciendo que las cosas pasen. Es importante que haya un equilibrio perfecto en todas las acciones que emprendas, haz tu parte y sin forzar nada permite que las situaciones se desarrollen pues de ese modo nada puede ir mal ni a destiempo. Eleva tu conciencia, presta atención a tu intuición y señales del universo, la intuición y las señales forman parte de nuestra vida y la mayoría las descartamos. En una habitación donde se ha producido un crimen, entras acompañado de una detective. ¿Quién crees que vera más pistas, señales, de lo ocurrido y de lo que puede pasar? Exactamente el detective porque tiene más entrenamiento y experiencia en ver todas esas señales. Si tú te formas en el área de tus ventas y además entrenas tu intuición, serás capaz de intuir esas señales del universo y sabrás traducir que te están diciendo en cada momento, cada venta, cada cliente, cada situación. Entrenar tu intuición es entrenar tu mente para estar abierto a cualquier señal y dar paso al crecimiento de tu experiencia en ventas.

Solo Veras Las Señales Cuando Estés Listo Para Verlas.

26 ABRIL

Empieza a poner tu casa en orden, comienza por controlar tus pensamientos, tú tienes el control total de tu vida, solamente tienes que trabajar en tu interior para que en la misma medida tu mundo exterior sea reflejado y cambie. Como es arriba es abajo lo que quiere decir que como es en tu mente así será en tu mundo. Un vendedor que está seguro de poder cerrar la venta actúa con serenidad y convicción, genera esa confianza con el cliente para acompañarle a cerrar la venta. Por el contrario si en tu mente programas el fracaso esto te acompañará a actuar de forma dubitativa y nerviosa transmitiendo este mismo mensaje a tu cliente, el cual actuará del mismo modo. Jamás te quedes sentado imaginando y sintiendo que no puedes hacer nada, tú puedes empezar a crear tu propia realidad ahora mismo. Puedes expandir tu conciencia de tal modo que seas capaz de ver las ventas desde un ángulo diferente y más amplio. Puedes aprender a tener más confianza, dar lo mejor de ti, servir desde el amor, ver las dos caras de la cuestión. Empieza por eliminar todos esos pensamientos negativos hacia tu persona, elimina toda amargura, crítica y negatividad de tu forma de pensar.

Todo Lo Que Vemos Fuera Es Un Reflejo De Lo Que Tenemos Dentro.

27 ABRIL

La mayoría de las personas que trabajan en ventas llegan por accidente, necesidad, porque tocaba, es lo que está al alcance, necesitan dinero..... si este es tu caso, piensa esta pregunta ¿Te gustaría ser un vendedor exitoso y feliz? Deja de pensar que estás en esta profesión porque es lo que hay y comienza por dar gracias por este regalo maravilloso que te dio la vida, no vendas porque creas que es lo que tienes que hacer o que te va a dar algo para comer, cuando haces algo de manera compulsiva desaparece el gozo y el placer. Aprende a hacerlo por el gusto de hacerlo, entrégate a ello y comprueba cuán diferente te resultará el oficio. Si quieres vender más tienes que irte al origen, a las raíces que te llevaron al mundo de las ventas, si llegaste pensando que es lo único que había y lo hiciste por necesidad, esas no son las raíces, seguro hay algo mucho más profundo, por lo cual no te sirve, cambia las creencias y obtendrás los frutos más hermosos y deliciosos. Todos tus resultados de ventas son producto de tus acciones, y tus acciones dependen de tus sentimientos, si tú sientes que estás vendiendo por necesidad, que es una carga, que estás ahí porque no había otra cosa, simplemente es porque lo estás pensando, cambia esa creencia y cambiarán tus resultados de ventas.

Si No Te Gustan Los Frutos Que Obtienes De Tus Ventas, Revisa Las Raíces.

28 ABRIL

Todos tenemos sombras que nos acompañan, existen vendedores que se aferran a estas sombras haciendo de ellas una identidad falsa, van con una máscara, una coraza, fingiendo, tratando de aparentar, esto ocurre porque hay mucho miedo a mirar en su interior, quizás dentro está todo muy oscuro y puede ser doloroso. Comienza por abrazar tu propia sombra, sé muy honesto contigo mismo porque lo que tú eres se reflejará en tu exterior, la única relación que mantienes es contigo mismo el resto son espejos donde te ves reflejado. Todo lo que te moleste, irrite o quieras cambiar de tus clientes, compañeros, empresa, competencia…. está dentro de ti. Si te molesta lo que juzguen o critiquen sobre ti, esto es algo que permanece reprimido en ti y es necesario trabajarlo. Por otro lado, todo lo que tú critiques tanto positivamente como negativamente de ellos también está dentro de ti. Del mismo modo todo lo que los demás critiquen, juzguen o quieran cambiar de ti, si a ti no te afecta, es algo que está en ellos no le prestes atención.

No Vemos A Los Demás Como Son Sino Como Somos Nosotros.

29 ABRIL

¿Estás comprometido con tus ventas? ¿Ya tienes tu grupo de vendedores comprometidos?

El dicho de "dime con quien vas y te diré quién eres" es totalmente cierto porque vibraciones similares vibran juntas. Tus pensamientos y emociones emiten una señal, en el universo nada reposa, todo es energía en vibración, esto sintoniza con aquellas variables de la vida que emiten la misma señal y se atraen entre sí por ley de atracción. Con solo pensar en la palabra ventas tú estás emitiendo una vibración, este pensamiento será positivo o negativo dependiendo de tu experiencia en esta área, la frecuencia predominante sobre la palabra ventas emanará de tus pensamientos y emociones, es la que va a empatizarse contigo. Generalmente las personas no son conscientes de lo que esto significa; los pensamientos atraen una vibración igual a las situaciones, personas, trabajo, dinero, salud…. si haces consciencia de esto entenderás la importancia de tener un grupo de vendedores comprometidos.

Dime Con Qué Tipo De Vendedor Vas Y Te Diré Si Alcanzarás Tus Metas.

30 ABRIL

Los vendedores que solo quieren vender para estar cómodos no quieren comprometerse con la excelencia, simplemente quieren ser vendedores, no buscan el éxito, se sienten cómodos en su comodidad. Todo esto es respetable, es perfecto, hay un lugar para cada individuo, tú debes buscar y encontrar el tuyo y ver donde realmente encajas. Pero no intentes detener a los vendedores que están comprometidos con sus ventas y con dejar un mundo de vendedores conscientes con valores, volcados en dar el mejor servicio a la humanidad. Date cuenta de que estos vendedores han sido elegidos e inspirados para emprender este trabajo y van hacerlo porque es su misión. Encuentra tu lugar apropiado en el conjunto de este plan divino y si no estás en primera línea que esto no te perturbe, recuerda que hay sitio para todos y se necesita todo tipo de vendedores para formar el conjunto global. Simplemente acepta tu trabajo y hazlo de la mejor manera que sabes hacer, permite ir adelante a aquellos vendedores que han sido formados para liderar y asumir responsabilidad, ofréceles tu apoyo, lealtad y gratitud; lo apreciarán.

Da Siempre Lo Mejor De Ti.

MAYO

1 MAYO

Cuanto más vendas más dinero tendrás, más podrás expandirte, ayudar a los demás, vivir de tu pasión, ampliar tus conocimientos…. la gran mayoría de millonarios poseen una gran habilidad para vender, es un factor clave que determina sus éxitos. Todas las demás habilidades pueden contratarlas, pero vender, ofrecer su producto o servicio nadie más puede hacerlo mejor que él, por lo menos al principio hasta que esté armada su propia empresa. Comienzan por una idea, producto o servicio que nadie más tiene y piensan que pueden vender mejor que nadie, con ello comienzan sus propios negocios. La habilidad que tengan para vender determinará el éxito o el fracaso de la compañía. Las ventas es un oficio en el que puedes comenzar con pocas destrezas e ir abriéndote camino entrenándote adecuadamente en las habilidades necesarias hasta llegar al producto correcto y mercado correcto, entonces no habrá límites para la cantidad de diento que puedas hacer.

Si Quieres Ser Millonario Sirve A más Gente.

2 MAYO

Los vendedores más exitosos tienen algunas cosas en común y es que tienen unos rasgos claves de personalidad que influyen directamente al mejor desempeño de la venta y a su éxito, tales como los valores de la humildad, compromiso, perseverancia. HUMILDAD para continuar aprendiendo. COMPROMISO demostrando coherencia con lo que piensan, dicen y hacen, manteniendo una relación basada en la confianza entre sus clientes. PERSEVERANCIA para saber cuándo es el momento ideal de presentación, seguimiento, cierre y no rendirse fácilmente. Entre otros muchos valores estos deben formar parte de ti y debes permanecer fiel a ellos, esta es la calve para ser un buen vendedor, utilizar estos valores son habilidades que se pueden aprender o desarrollar, pero lo más importante es que permanezcan en el tiempo hasta que lleguen a formar parte de tu personalidad, será como un compromiso con el rol del buen vendedor y esto te permitirá ofrecer el mejor servicio a tus clientes mejorando tu esencia y eficacia día a día.

El Vendedor Con Valores Crea Un Compromiso Firme Contra Sí Mismo.

3 MAYO

Haz de tu día algo maravilloso, comienza por levantarte con el pie derecho, que el primer pensamiento nada más levantarte sea de gratitud hacia un nuevo día lleno de nuevas oportunidades para vender, crecer, aprender…. llena tu corazón de esperanza, de lo mejor y lo más alto. Así como sea tu primer pensamiento, así será tu día, así como sea tu día así será tu vida. Cuando te despiertas con un pensamiento negativo, en un estado bajo y deprimido, puedes arrastrar ese estado mental durante todo el día. ¿Alguna vez te has preguntado cómo tus pensamientos crean tu realidad? ¡Levántate y brilla! Como el sol que te despierta y brilla cada día para ti, sin preguntarse si hoy toca brillar o no, él no tiene que hacer nada artificial para brillar su luz natural se refleja tal cual. Imagina que cada mañana tu corazón se va llenando de esa luz dorada, luz que se hace cada vez más resplandeciente como la del sol, siente cómo tu habitación se llena de esa luz dorada y esa luz te acompaña durante todo el día, permítete experimentar la influencia que esto tiene para tus clientes.

Cuando Llevas El Sol Dentro No Importa Si Fuera Llueve.

4 MAYO

Permítete cometer errores, debes aprender de ellos por ti mismo, nadie hará el trabajo por ti. El oficio de vendedor no es para debiluchos, requiere de una lucha diaria y disciplina, es para los vendedores valientes, seguros de sí mismos, aquellos que quieren encontrar las respuestas y están dispuestos a llegar hasta el final, sin importarles el precio. ¿Tienes miedo a subirte a la cima de la montaña nevada y deslizarte con los esquís? No aprenderás a esquiar hasta que no metas los pies en los esquís y bajes las primeras pendientes. No crecerás laboralmente como vendedor hasta que no confíes y te sostengas por ti mismo. No temas nada y camina con absoluta confianza y fe haciendo lo que sabes que está bien, haz lo mejor que sabes poniéndole todo el corazón e ignora toda oposición. Déjate guiar por el conocimiento interno que proviene de lo más profundo de tu ser y comprobarás con esa actitud que no hay nada que no puedas realizar.

Un Gran Vendedor Aprende De Sus Errores.

5 MAYO

Imagina que tienes una caja pequeña y dentro quieres meter todos tus éxitos de ventas. Si lo que quieres y esperas es tener muchos éxitos, en esta caja no te van a caber, tendrás que hacer una caja más grande. Esto mismo ocurre con algunos vendedores, quieren muchos éxitos en sus ventas, pero su capacidad para lograrlos, sus hábitos y habilidades son pequeños. Para poder mantener y lograr más éxitos tienes que hacerte más grande lo que quiere decir que tus habilidades comerciales y personales tienen que crecer, para que puedan entrar todos esos éxitos y poder encajarlos perfectamente. Grandes éxitos no caben en una caja pequeña. Para ser un vendedor extraordinario tienes que hacer cosas extraordinarias, la misma palabra te lo dice EXTRA-ORDINARIO, ser diferente a la mayoría de vendedores, pensar, creer, hacer algo que los demás no hacen. Conviértete en el vendedor que realmente quieres ser.

Sé El Vendedor Que Te Gustaría Conocer.

6 MAYO

Dos vendedores van juntos a visitar a un cliente, el cliente sale a atenderlos muy serio, con mala leche, contestando a desgana y muy seco.

Al salir de la visita uno de los vendedores le dice al otro:

-¿Tú vienes muy a menudo a visitar a este cliente y siempre lo atiendes así de bien?

-Cada cierto tiempo o siempre que me necesita vengo a visitarle y le atiendo lo mejor que puedo.

-¿Y siempre este cliente es así de seco?

-Siempre, pero yo salgo de casa decidiendo que voy a tener el mejor día de mi vida y no voy a permitir que ni este, ni ningún otro cliente amargue mi día.

¡Es tu decisión! Si tú has decidido ser un vendedor feliz y comprometido, ve a por ello, supérate continuamente y no permitas que ningún cliente decida por ti. Nada externo a ti puede hacerte daño a menos que tú se lo permitas.

Decide Ser Un Vendedor Feliz.

7 MAYO

No es fácil poner la otra mejilla cuando un cliente te hace de menos, quiere tener razón, te golpea con palabra o hechos.

La reacción inmediata es devolver el golpe, pero aquí es donde el vendedor debe demostrar su profesionalidad, autocontrol y una completa ausencia de egoísmo han de ponerse en práctica. Los vendedores que no han aprendido ninguna autodisciplina reaccionarán poniéndose a la altura de las circunstancias, se justificarán actuando de ese modo, pero tú eres un vendedor profesional y debes estar por encima de todo y sobre todo controlar tu ego, no permitas que las circunstancias externas te afecten causando caos o confusión en tu mundo. Actúa con Amor y compasión hacia el prójimo, sabiendo y entendiendo que ese cliente no sabe hacerlo de otra manera por sus creencias, circunstancias, miedos, no sabes lo que esa persona ha podido pasar para llegar a ese estado. Todo empieza por uno mismo, por tanto cuando tú cambias la percepción, todo cambia.

Para Que Cambie Tu Entorno Debes Emitir Un Nuevo Mensaje Desde Tu Interior.

8 MAYO

No necesitas ser un gran vendedor, simplemente empieza. No necesitas estar preparado, te preparas haciéndolo. Nos han enseñado que para tener éxito tienes que estar preparado y si bien es cierto que existen profesiones como las de cirujano en las cuales tienes que prepararte. Pero el oficio del vendedor es un camino el cual puedes ir recorriendo e ir aprendiendo, simplemente comienza a dar pasos con absoluta confianza deposita todo el amor en cada cliente que visites y mira cómo se desarrollan las situaciones, todo lo que necesitas lo encontrarás por el camino. El camino está lleno de brotes, belleza, abundancia, si pones lo mejor de ti nada puede impedir tu crecimiento y éxito en tus ventas. Hay un tiempo para cada cosa, toma acción, mantén la visión de tus resultados positivos ante ti y mira cómo los sucesos de gran alcance comienzan a partir de principios muy pequeños. Da infinitas gracias por todo.

Toda Venta Por Muy Grande Que Sea Comienza Con Un Pequeño Paso.

9 MAYO

No te aferres al pasado, siempre va a haber situaciones que no supiste resolver.

Existen clientes que nunca pueden trabajar tranquilos porque en su empresa siempre hay alguien que arma líos, personas negativas que se contagian, trabajan bajo presión….. No resuelvas las cosas como antes las resolvías, deja de defender tu antigua forma de reaccionar ante estas situaciones poniéndote a la altura. Busca nuevas soluciones, tú tienes capacidad para resolver y solucionar cada situación a la que te enfrentas por más extrema, extraordinaria o loca que sea para ti. No existe problema grande ni pequeño, date cuanta de tu tamaño y compáralo con el tamaño del problema. Actúa de manera positiva, llevando un seguimiento de la situación y si el cliente no se muestra receptivo, no está interesado en resolver, no desea obtener más información, se encuentra indeciso y busca otro asesor para resolver su problema, debes saber despedirte del cliente con la misma profesionalidad con la que te presentaste, estarás dando más valor, amor y respeto a tu trabajo y a ti.

A veces Aferrarse A Un Cliente O Situación Hace Más Daño Que Soltarse.

10 MAYO

¿Tienes los resultados de ventas que te gustara tener?

Basta con que observes lo que estás materializando en esta área. Revisa tus creencias:

"yo no merezco", "soy malísimo para vender", "para que alguien gane alguien tiene que perder", "es muy difícil", "soy muy torpe", "la situación está muy mal"...... No todas tienen por qué ser malas, habrá algunas útiles, dependerá de cómo las quieras utilizar. Debes identificar cuáles de ellas no son positivas ni favorables para tu crecimiento personal y profesional, cámbialas, desactívalas y quítales fuerza de intensidad, solo son pensamientos erróneos. No permitas que dominen tu vida, sal de la esclavitud que te está haciendo sentir limitante, manteniéndote inferior, paralizándote a la hora de tomar acción. La libertad del espíritu es esencial para cada uno de nosotros.

Creer Es Vender.

11 MAYO

Tienes lo que toleras. Eres un vendedor que trabaja bajo objetivos, pero además eres autónomo, te exigen un tiempo para cada visita, se retrasan en los plazos de pago de tus comisiones, tienes que poner tu coche, pagar tu gasolina…… esto es trabajar bajo presión y abusar, la presión puede ser buena en algunos momentos puntuales en los que quieras conseguir llegar a los objetivos, pero si esto se convierte en una rutina no lo vas a poder soportar durante mucho tiempo, con lo cual es pan para hoy hambre para mañana, terminará aplastando todos tus sueños de vendedor, terminarás con una convicción errónea sobre el oficio de las ventas, todo esto será debido a tu experiencia. Si tú trabajas bajo presión, el trato hacia tus clientes será el mismo. Párate, ponte en coherencia. ¿Te gusta sentirte presionado?

¿Que sientes, es agradable? Lo mismo va a ocurrir con tus clientes. No tolerar este tipo de circunstancias es amarte, valorarte, respetarte, si tú no te valoras nadie más lo va hacer por ti. Mantén siempre en ti el amor y los valores, es esencial para todos y cada uno de nosotros.

No Dejes De Creer En El Gran Vendedor Que Eres Solo Porque En Tu Camino Hubo Personas Que No Supieron Valorarte.

12 MAYO

Vender desde el amor es amarte y amar lo que haces. La misión del vendedor es servir con amor, sabiendo que por lo que das el cliente te paga, es un dar para recibir, todo lo que das desde el amor te lo estás dando a ti. El amor es la clave, el amor indica el camino, el amor en tus ventas es sentir esa motivación y satisfacción por lo que haces que inundará a cualquier cliente, lugar en el que estés o grupo que lideres. Cuanto más ames, más te amarás a ti. No basta con tolerar a tus clientes y personas que se acerquen a ti; lo que hace falta es amor de verdad, no puedes ayudar a un cliente de verdad si no lo amas.

Ámate a ti, ama tus productos, ama tus clientes.

¡Después da las gracias por todo! Incluso si no hay compra. Agradece desde el amor sin esperar nada a cambio, con sinceridad genera un gran impacto tanto en quien las da como en quien las recibe.

Ama Lo Que Haces Haz Lo Que Amas.

13 MAYO

¿Ya has decretado lo que quieres manifestar en tu día? Pon la intención y emoción a algo que quieras manifestar, un deseo:

Vas a visitar muchos clientes, vas a vender a tal cliente, vas a recibir tantas llamadas.... para obtener algo puedes concentrarlo conscientemente primero en la mente, la mente es muy poderosa como para dejarla trabajar sin control. Verbaliza tu deseo y se materializará por la vibración de la palabra y sentimiento.

Ponte la mano en el corazón y ¡decrétalo! Cuanto más lo sientas y más positiva seas con tus palabras y conceptos que elijas, más positiva será tu realidad. Mientras lo estés decretando créetelo como si ya existiera, dalo por hecho ¡ya es así! En cuestión de ventas, si dudas, si hay algo por pequeño que sea tienes dudas, no se manifestará, aunque parezca paradójico tu mente está cumpliendo lo que estás pensando o creyendo.

Si Lo Crees Lo Creas.

14 MAYO

Una actitud positiva es el secreto de las ventas y de una vida feliz. Eres un imán y todo lo que piensas lo atraes, la actitud positiva es capaz de atraer más allá de lo que se ve de forma inmediata. Mira con mucha claridad cuáles son tus necesidades y admite sin la menor duda que estas van a ser satisfechas de un modo maravilloso. Comienza con una actitud positiva, alegre, amistosa y deseo de ayudar a satisfacer realmente las necesidades tanto tuyas como las de tus clientes. Muéstrate natural, no acumules tensión, ten perfecta paz, cuando quieras hacerte comprender se hará sin esfuerzo, porque esta actitud da permiso a revelarlo sin ninguna duda de su significado. Hay demasiada negatividad, tensión y esfuerzo en el mundo de las ventas, intenta poner esta ley en práctica cada vez más, especialmente cuando te enfrentes a una situación que te resulte muy difícil. Lo que a primera vista resulta un desastre en mucha ocasiones termina siendo una oportunidad, tienes que reflejar paz, actitud positiva y estar decidido a tener éxito, sacando lo mejor de cada situación.

Construye Actitud Y Podrás Vender Lo Que Tú Quieras.

15 MAYO

¿Ya sabes si vender es tu propósito de vida?

Buscar lo que nos apasiona está sobrevalorado, es cierto que es muy importante, enriquecedor y permite darle significado a tu vida, pero si aún no lo haces esto no tiene por qué frustrarte ni inquietarte. Existen personas que nacen ya con el propósito definido, a otras les cuesta más e incluso algunas mueren sin saberlo. Todo es perfecto, lo único que tienes que hacer es probar a vender saliendo de tu zona de confort. Habitualmente el propósito viene disfrazado de alguna manera como puede ser: un desafío, algo como lo que llamamos casualidad, un proyecto nuevo, algo que piensas que no se te daría bien….. si te ha ocurrido esto a la hora de dedicarte a esta profesión, debes saber que puedes hacer de ello tu propósito porque es algo que comienza poco a poco, y por el camino vas descubriendo que te apasiona; de repente no puedes dejar de pensar en él y conforme va creciendo así lo vas haciendo tú, va incrementando hasta que termina formando parte de tu identidad, lo único que tienes que saber es que si no pruebas te puede llevar más tiempo de encontrar, no temas al fracaso este no existe, solo son aprendizajes. No hay nada peor que encontrarte de frente con la muerte y que esta te recuerde lo que pudiste vender y no vendiste.

Todo En Esta Vida Pasa Por Un Propósito.

16 MAYO

Mira la abundancia que te permite tener tus ventas, mira la belleza, confianza, valores, seguridad, aprendizajes, relaciones, generosidad, servicio, responsabilidad, integridad...... que puedes llegar a tener, reconócelo y disfruta de esta apasionante profesión. ¿Cuántas veces te quejas de esta profesión sin mirar más allá de los beneficios que te aporta? Casi todo el tiempo vas con tanta prisa que no te paras a pensar en las cosas positivas y hermosas que podrían beneficiarte y elevar tu alma. Es cuestión de abrir los ojos y estar muy despierto y sensible a todas las emociones positivas que te produce esta profesión. Comienza ahora dándote cada vez más cuenta de las cosas que de verdad importan de tu profesión, esas que te elevan a dar lo mejor de ti, a valorarte a ti y a todo lo que está a tu alrededor, esas que te permiten elevar la conciencia, cuanto más eleves la conciencia y seas capaz de ver todo lo que las ventas te pueden aportar, más amor y servicio podrás dar tú. El mundo de las ventas necesita cada vez más vendedores con valores, servicios y comprensión por la profesión y tú eres el que se lo ha de proporcionar.

Vender Es Vivir Por Un Mundo Mejor.

17 MAYO

Levántate cada día con una meta muy clara: VENDER Y SER FELIZ. Decide dar lo mejor y poner luz sobre las situaciones oscuras, aprende a sostenerte sobre tus pies y no seas perezoso espiritualmente, busca en tu interior siempre que sea posible, la felicidad está en ti y no en tus clientes que vayas a hacer. Ten en cuenta que si te encuentras con un cliente amargado, eso es algo que está en el no en ti siempre que no te afecte. En el momento que el comportamiento del otro te afecte a ti, es algo que debes mirarte porque entonces sí es algo que está formando parte de ti, para solucionar debes trabajarlo para sanarlo. Como cuando limpias tu casa, está sucia, con pelusas, estas pelusas no las has puesto tú, pero están en tu casa, tienes que limpiarlas o la basura terminara reinando en tu hogar.

No se trata de no sentir, ni de dejar las pelusas por ahí bambando, más bien al contrario, siéntelo y limpia, preguntándote ¿para qué? Solo así podrás tomar conciencia y sanar. Si no quieres verlo o sentirlo, vas por la vida de feliz sin serlo, seguirás siendo un hipócrita, hace falta mucha comprensión y humildad para entender esto.

Para Ser Un Gran Vendedor Necesitas Un Humilde Corazón.

18 MAYO

Sé un vendedor comprometido con la excelencia, no pospongas las cosas, si quieres tener éxito tienes que ser un hacedor por lo que los tengo que, voy hacer, después lo haré, mañana llamaré..... no te van llevar a ser lo que tú deseas, tienes que ser un vendedor de acción inmediata, en el momento que lo pienses o lo digas ¡hazlo! no permitas que tus pensamientos te detengan. Ya sabes que la mente no quiere que la saques de su zona de confort, ella está cómoda, pero tú eres el que gobierna, si quieres conseguir resultados diferente tienes que hacer las cosas diferentes a como las venías haciendo, empezando por tu mentalidad.

Tres vendedores que permanecían sentados en un banco y uno de ellos decide ir a vender, ¿cuántos vendedores quedan en el banco?

Siguen quedando tres, porque mientras que el que decidió ir a vender no tome acción se levante y lo haga, no estará vendiendo.

Si deseas Vender Sal De Tu Zona De Confort.

19 MAYO

No es mi corral, no soy un pavo. Si te encuentras en una situación en la que escuches juicios, sientas tentación de juzgar a tu competencia, compañeros, jefes, clientes….. Tenemos muy arraigada la costumbre de hacer críticas hacia los demás, desde pequeños venimos haciéndolo y escuchándolo por todas partes, nos resulta más fácil juzgar a los demás que mirarnos a nosotros y pararnos a ver para qué estamos juzgando, vemos la paja en el ojo ajeno pero no la viga en el nuestro. Mantén tu compostura sabiendo que cuando estás juzgando lo único que haces es tirarte piedras en tu propio tejado, toma de ejemplo a los pavos cómo se van picoteando unos a otros y observa cómo en cierto modo cuando tú criticas estás haciendo lo mismo. A continuación repítete esta frase: no es mi corral, no soy un pavo, esto te ayudará a desviar la atención hacia algo más productivo y positivo, al principio puede costar, pero con el tiempo sentirás una gran satisfacción y entenderás que todo este tiempo que malgastabas podrás emplearlo en mejorarte a ti.

No Es Mi Corral No Son Mis Pavos.

20 MAYO

YO SOY el mejor vendedor del mundo, YO SOY un vendedor que genera valor a mis clientes, YO SOY abundantemente rico económicamente y espiritualmente. Concibe la abundancia, concibe la prosperidad. Ni por un momento te sientas carente, tú lo eres todo, todo está en ti no hay nada externo a ti. Si por el contrario piensas en términos de limitación lo atraerás a ti antes de que te des cuenta porque obstruyes el libre flujo de suministro ilimitado de todas las cosas. La próxima vez que te encuentres sufriendo por alguna carencia de algún tipo, no le eches la culpa a las circunstancias, a lo exterior o a tus condiciones. En lugar de eso, tómate tu tiempo para mirar en tu interior y pregúntate: ¿Qué es lo que está ocurriendo?, ¿Qué está ocasionando esa obstrucción dentro de mí? ¿Es miedo a no ser suficiente, miedo al rechazo, miedo a no llegar a los objetivos? Suelta tus miedos, los miedos solo causan bloqueos, es una emoción causada por tu mente que te paraliza, puedes vencerlos tomando acción, te darás cuenta que justo en ese momento desaparecerá y te aportará una maravillosa sensación de confianza en ti.

Yo Soy El Que Soy Sin Miedo Ni Limitación.

21 MAYO

Quiero ver que te quieres, que disfrutas de la vida y de tus ventas, que aprendes, aportas y ayudas a tus clientes. Te quiero así porque solo así puedes hacer de tu profesión tu pasión.

No puedes conocerte y vender con pasión si no te amas. Mucha gente habla de amor y sin embargo no saben lo que significa amarse a ellos mismos y amar a sus clientes. La clave es siempre el amor, la lección más importante que debemos de aprender es el amor. Tienes que aprender a amar lo que estás haciendo, amar a tus clientes, amar tu entorno, amar tus productos, amar todo aquello que vean tus ojos. No es suficiente con que te guste; has de amarlo y hacerlo de todo corazón. Siente de vez en cuando cuánto amor hay en tu corazón. Observa en tu vida laboral diaria cuánto amor estás poniendo, sobre todo observa si el amor está repartido por igual y en coherencia con lo que piensas, dices y haces.

Si Amas Lo Que Haces Ni Los Lunes Te Quitan La Sonrisa.

22 MAYO

Deja de querer ser como cualquier otro vendedor y brilla en tu propia estrella, utiliza todos tus dones, ponlos al servicio de la humanidad y verás como encajas en el puzle de tus ventas. Cuando puedes ser tú y no permites que nadie te defina, todo el estrés y tensión desaparecen porque ya no pretendes ser lo que no eres. Estás en paz contigo, con tu interior y eso se reflejará en tus ventas brillando más que nunca. De ti emanará paz, seguridad, tranquilidad y serenidad, creando así el ambiente adecuado donde quiera que vayas. Serás una ayuda y un estímulo para tus clientes y personas que te rodeen. ¿Por qué querer ser otro cuando eres único? Tú eres un vendedor único nada ni nadie puede vender como tú, no intentes ser el vendedor más importante para nadie, simplemente tienes que ser importante para ti.

Ningún Vendedor Es Como Tú, Ese Es Tu Gran Poder.

23 MAYO

Cuando te adentres a vender de un modo inteligente con seguridad y confianza descubrirás que el mundo de las ventas es apasionante. Pero has de emplear tiempo en aprender, ayudar y amar. Eso es algo que no te va a caer llovido del cielo sin un deseo profundo por tu parte de conocer y dedicarte a fondo esta profesión y saber lo que esto significa para ti. Esa profunda experiencia solo les llega a los vendedores comprometidos, por lo tanto no trabajes vagamente, de ti depende ir a delante y experimentarlo desde tu nivel de conocimiento. El mundo de las ventas estará vacío hasta que comiences a vivirlas plenamente y te sometas a todo examen para comprobar si es algo que realmente te apasiona. Comienza ahora a vender por pasión y no seas un vendedor pachón de sillón, ese que se siente cómodo solamente con recoger pedidos. Haz que tus ventas sean tan apasionantes que esa pasión salga por los poros de tu piel.

Sal A Vender No A Recoger Pedidos.

24 MAYO

Cree en ti mismo, en tus habilidades para vender y en hacer que todas tus ventas se cumplan, solo entonces todo tus pedidos serán realizadas con auténtica perfección y verdadera dicha. La profesión es para disfrutarla. ¿Por qué vas vendiendo como si llevaras una pesada mochila que te estuviera venciendo? Esta profesión requiere de una gran responsabilidad, pero no es preciso que estas te carguen. Si tu actitud hacia las ventas es positiva, puedes disfrutar de las responsabilidades que conlleva con paz y armonía. Disfruta del camino y cuando notes que el peso de la mochila se acentúa, siéntate a meditar, relaja tu espalda, tu mente, tu cuerpo siente cómo esas responsabilidades se disuelven, poco a poco van perdiendo peso, acepta que están ahí, pero después de meditarlas cambiará tu actitud ante las mismas y podrás ajustarte a la situación que te encuentras. Date cuenta de que las responsabilidades te hacen crecer y aprender, pero el equilibrio ante ellas es lo que te va a permitir disfrutar de cada momento.

Serás Capaz De Vender Todo Lo Que Te Propongas Si Crees En Ti.

25 MAYO

Cada desafío, dificultad, situación a resolver que se te presente en tus ventas, hacen fortalecer tu fe. Cuando esto te ocurra siéntate un momento a sentir lo que está pasando, qué emoción te está despertando la situación, una vez reconozcas de dónde viene y qué ha venido a enseñarte o recordarte, aprieta el acelerador a tope y continúa como un rayo a por tu objetivo. Es como un piloto de coches, desacelera al entrar en la curva y vuelve a acelerar antes de salir de la misma, él sabe que nunca debe frenar en la curva, si frena puede retrasar la carrera e incluso perderla. No permitas que nada te detenga, piensa que simplemente son pruebas que han venido a confirmar la fe que tienes ante las ventas que quieres, debes saber que lo vas a obtener a menos que no te conformes con otra cosa. Imagina que te encuentras situado en el punto medio de una regla de medir, si cada vez que tienes un desafío das un paso hacia atrás te estarás alejando de tu objetivo, pero si por el contrario no te detienes, una vez superado el obstáculo tu paso será hacia delante estando así cada vez más cerca de ser el vendedor que has venido a ser.

Cada Desafío O Venta Dificultosa Es Una Prueba Que Te Acerca A La Meta.

26 MAYO

¿Qué palabras y acciones son aceptables para ti, tus clientes y ventas en todo momento? En boca cerrada no entran moscas, en ocasiones es mejor estar callado y no decir nada que abrir la boca y permitir que salgan palabras carentes que quizás te hagan arrepentirte nada más decirlas. Como profesional de las ventas debes saber que hablar a destiempo puede ocasionar la pérdida de una venta y un sufrimiento innecesario por tu parte, aprende a controlar tu lenguaje verbal y pensamientos, cuando sientas el impulso de decir o pensar alguna palabra negativa, cuenta hasta diez y hazte consciente. Imagínate la desagradable situación de la mosca queriendo entrar en tu boca. Se tarda menos de un segundo en decir alguna palabra hiriente que nos puede arruinar la venta, incluso a nosotros mismos, pero se tarda mucho en recuperar esa venta y curar nuestra herida. Recuerda la importancia de las palabras y los pensamientos, al contrario de los que se dice, estas no se las lleva el viento, sino que permanecen ancladas en las mentes de los clientes durante mucho tiempo.

Las Palabra Y Los Pensamientos Son Cosas.

27 MAYO

Si no estás vendiendo mucho es porque no estás dando demasiado. El éxito de las ventas está en el dar, piensa en todo momento cómo puedes aportar valor a la vida de los demás con tus productos o servicios y sorprendentemente verás cómo a cambio recibirás el aporte de valor necesario para tu propio éxito.

Pero no puedes dar lo que no tienes, conviértete en un vendedor positivo, valórate, Ámate, respétate, confía en ti, llénate de esa fuerza vital, vívela y ponla en práctica, todo forma parte de la totalidad no existe separación, como tú te sientas es lo que aportarás a tus clientes, es una expansión que crece a medida que tu creces, creando así el ambiente apropiado. Comienza ahora mismo a dar y vender poniendo en práctica todo lo positivo que has estado aprendiendo y que las lecciones no se queden solo en eso, conviértelas en realidad. Sé generoso con tus clientes si quieres recibir más, tienes que dar más.

Sé Un Vendedor Dador.

28 MAYO

Vende a los demás como te gustaría que te vendieran a ti. Aplica esta famosa regla y a medida que la pongas en práctica descubrirás que en lo que a ventas se refiere es aportando y ayudando a los demás cuando encuentras el verdadero sentido a la profesión. Si a ti te gusta que un vendedor se preocupe por conocer tus necesidades en lugar de venderte algo que no necesitas, si te gusta que tu vendedor te asesore con total transparencia, profesionalidad y conocimiento por los productos que te ofrece, si valoras el compromiso, confianza y preocupación del vendedor hacia ti, ¡haz tú lo mismo con tus clientes!

¿Te gusta que se preocupen por ti cuando tratan de venderte? A tus clientes también.

Marca la diferencia, preocúpate por ayudar y haz que tu servicio o producto sea la mejor solución para las necesidades de tus clientes.

Aumenta Tu Preocupación Por Tus Clientes Y Aumentarás Tus Ventas.

29 MAYO

¿Consideras que no ha sido un año, mes, semana, día de ventas productivo? ¿No has llegado a los objetivos marcados? El pasado ya no existe, no pierdas más tiempo ni energía en las faltas y fracasos que tal vez no supiste atender, eso ya es pasado. Da gracias por un nuevo día y una nueva oportunidad, es un nuevo momento aquí y ahora, no existen el antes ni el después, solo este momento glorioso importa y de ti depende que así siga siendo. De ti depende hacer de este día un día de ventas productivo, afróntalo con auténtica decisión, firmeza, confianza y fe de que así va a ser. Todo irá rodando con suavidad conforme tú te vayas adentrando con compromiso hacia tus objetivos. Disfruta con gozo y pasión de hablar con todas las personas que te vayas encontrando por el camino, tanto si son clientes como si no, no sabes lo que cada persona puede llegar a aportarte. No permitas que ningún pensamiento negativo o desagradable entre en tu conciencia. En el comienzo del nuevo día todo es perfecto y así lo seguirá siendo el resto de semana y año siempre que tú te des permiso para realizarte.

Decide De Nuevo Tu Día De Ventas.

30 MAYO

Para meditar no hace falta ir al Tíbet, ni ser un monje budista. Pero para ser un buen vendedor prolongado en el tiempo, sí es necesario encontrar un equilibrio entre el éxito material y el éxito espiritual. Igual que no puedes olvidarte de lo material, clientes, ganancias, empresa, compañeros, tampoco debes olvidarte del corazón, amor, fe, esperanza, de nada va a servir que seas un vendedor exitoso y abundante si nadie te quiere, si no colaboras con el mundo, si te sientes agotado y estresado. El camino es fácil pero laborioso, practicar un trabajo de conciencia mediante la meditación te va a permitir desarrollar la atención plena, sentirte mejor, reducir el estrés, ser una mejor persona y poder tener un impacto mucho más positivo en lo que estás haciendo. Si sabes en teoría los beneficios que aporta la práctica continua de la meditación, ¿por qué no empiezas ahora mismo? Comprueba que lo que es bueno para tu mente y el espíritu es bueno para lograr los resultados, los vendedores sumados ya a este hábito toleramos mejor las situaciones difíciles.

Si Quieres Ser Un Vendedor Exitoso, Busca Una Mejora Continua De Tu Propia Conciencia.

31 MAYO

Respeta el proceso de evolución de otros vendedores, deja que cada cual siga su camino a su ritmo, no puedes obligar a dar zancadas grandes a alguien de pequeña estatura. Cada vendedor utiliza su táctica, cada uno llega a su meta según le funcione mejor, puedes y debes compartir tus secretos, sobre todo si estos son beneficiosos para un bien común, pero no malgastes energía en los que no demuestren un mínimo interés por escucharte, los que tengan oídos que oigan. Mantén tu mirada puesta en tus objetivos y metas. No te desanimes ni te sientas solo cuando veas que ningún compañero quiera seguirte, el camino es duro y pedregoso. El mundo espiritual de las ventas no es para los vendedores de poca fe, temerosos de abrir la conciencia y mentalidad hacia su propio bienestar, aportar luz en cada paso del camino.

El Que Tenga Ojos Que Vea, El Que Tenga Oídos Que Escuche Y El Que No Quiera Vender Está Vendido.

JUNIO

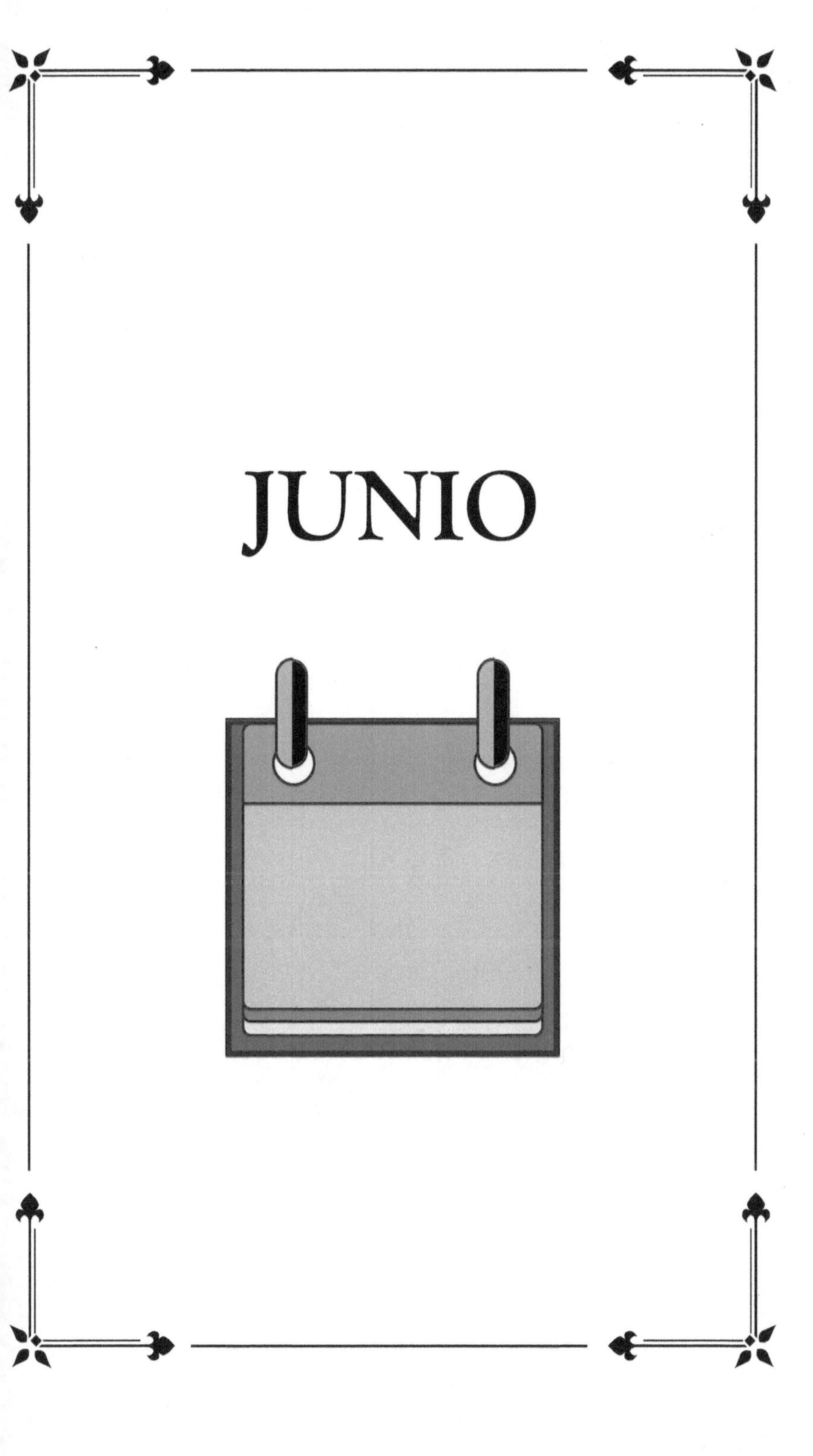

1 JUNIO

El mundo de las ventas es un aprendizaje continuo, es como estar en el aula del cole aprendiendo de cada cliente una lección, como si fueran nuestros maestros. La lección más interesante de aprender es la que te ponga más incómodo, ese cliente que más te cuesta visitar es el mejor maestro y del que más aprenderás, acércate a él sin temor y escucha con atención la lección que tiene para ti. Vuelve a ser como un niño aprendiendo a caminar, por mucho que te caigas vuélvelo a intentar una y otra vez hasta que consigas mantenerte de pie por ti solo. Paso a paso aumentarás la confianza, seguridad la cual te permitirá tomar tus propias decisiones. Date permiso para equivocarte aunque tardes mucho en dominar la profesión, sé muy paciente, aprende a esperar y concéntrate en aprender de todo y cada situación que te encuentres por el camino. No te olvides de disfrutar del proceso como el niño en el patio del colegio, recuerda que las ventas no es una lucha, es un juego, pero con una gran diferencia: ¡todos ganan!

En El Juego De Las Ventas Todos Ganan.

2 JUNIO

Eres un vendedor exitoso y muy valioso, disfruta de un día de ventas maravilloso en el que sales a vender con alegría, entusiasmo y felicidad. Siente la pasión por las relaciones humanas. Ayuda con tus productos y servicios a todo aquel que se acerque a ti, tú sabes el valor que tienen, es egotista no compartirlo sabiendo que puedes mejorar la vida de otras personas. Imagina a cada cliente con un cartel luminoso en el que ponga ¡ayúdame! No tienes que salir a vender, tu misión como vendedor es la de aportar, aprender y ayudar, esto es todo lo que tienes que hacer y las ventas vendrán a ti por añadidura. Tienes que alcanzar el punto en el que veas y comprendas el auténtico significado de las ventas, que es la de unidad con todos los seres humanos, reconócelo y sé generoso con el mundo, comienza hoy a hacer de este un mundo mejor y da gracias infinitas por todo ello.

Vender Es Aprender, Ayudar Y Amar.

3 JUNIO

Haz el bien y no mires a quien. Véndele a todo el aquel que creas que puede mejorar su vida con tus productos o servicios. No selecciones a quien crees que es más fácil y a quien sientes que no podrías hacerlo, solo enfócate en los beneficios que le vas a aportar y si realmente lo necesita interésate por ellos. Que esto no te suponga un esfuerzo, no puedes ayudar a las personas si no te amas a ti y a tus productos.

De ti depende hacer el bien con tus productos a contra más personas mejor y puedes hacerlo por medio de tus ventas, haz de ellas una forma de vida. Mantener esta actitud ante las ventas es maravilloso, has de abrir los ojos, estar dispuesto a ver el beneficio que estás aportando y concentrarte en ello, ignora lo malo y lo negativo para darle fuerza vital. Tómate tu tiempo para observarlo y hacerte consciente, a continuación disfruta de una vida de ventas extraordinarias.

Quien Aporta Valor A Sus Ventas Multiplica Su Abundancia.

4 JUNIO

¿Quién es el mejor vendedor del mundo para ti?

¿Quién es el mejor vendedor de tu sector?

¿Quién es el mejor vendedor de tu empresa? Apégate a ellos con Super Glue, aprende todas sus técnicas, hazles preguntas, observa sus hábitos y comportamientos. Si te sientes incómodo al lado de ellos es porque todavía tienes mucho que aprender. Habitualmente nos juntamos con los vendedores que más cómodos nos sentimos porque nos comprenden, están a nuestra altura. Salir de tu zona de confort refuerza tu confianza y autoestima. Escoge muy bien a tus guías y maestros, has de tener absoluta confianza en ellos y qué mejor manera que a través de sus resultados. Tienes que estar dispuesto a aprender y obedecer órdenes sin cuestionarlas, escoge y decide hacer lo que ellos dicen, piensan, hacen y podrás emprender una vida de ventas extraordinaria. Es absurdo aprender algo nuevo de vendedores que tienen los mismos o menos resultados que tú. La clave está en los vendedores con resultaos extraordinarios, ellos hacen las cosas diferentes, este es el aprendizaje que tienes que explorar.

La Mejor Forma De Aprender A Vender Es Apegándote A Los Mejores.

5 JUNIO

¿Alguna vez te ha pasado que le has querido asesorar algún cliente, compañero, amigo, conocido sobre algo que sabías que le iba a funcionar y mejorar la vida, has notado como la persona te escucha, pero continúa en sus trece por miedo, creencias, comodidad…. un sin fin de excusas causadas por su ego? A las personas se les pueden contar verdades como puños, ofrecer los mejores productos o servicios, demostrar el bienestar que aporta la práctica espiritual, pero la última decisión debe ser suya. Así mismo ocurre contigo, nadie puede decidir vender por ti, solo si lo pones en práctica y lo experimentas en ti podrás ver los resultados. Debes pensar por ti, vender por ti, vivir por ti, y averiguar las cosas por ti mismo. Debes saltar y no esperar que nadie salte por ti, pueden saltar contigo pero no por ti. ¡SALTA! Pero el primer salto debe ser hacia dentro, busca en tu interior cada respuesta y allí la encontrarás. En tu interior está el mayor tesoro que puedas imaginar esperando ser reconocido y manifestado.

Renuncia A Las Excusas, Salta Y Avanza.

6 JUNIO

¿Qué idea le estás vendiendo todos los días a tu mente? Visualiza tus ventas, imagínate vendiendo y ayudando a clientes potenciales, aportando el máximo valor con tus productos y servicios a cuantas más personas mejor. Sácale partido a esta herramienta tan poderosa que posees, en realidad la estás utilizando todos los días, solo que no eres consciente de ello, repites una y otra vez los mismos pensamientos, pero no los diriges hacia lo que quieres lograr, los pensamientos están ahí revoloteando por tu mente sin control alguno, por lo que crean y recrean las mismas situaciones una y otra vez.

Pero hoy tengo una buena noticia y es que vas a gobernar tu mente. Siendo ya consciente de esto y sabiendo que tú puedes ser el dueño de tus pensamientos y dirigirlos hacia tus objetivos de ventas, visualizando y creando una realidad diferente. Te diré que es una herramienta que ya vienen utilizando muchas personas de éxito, grandes deportistas de élite, personajes conocidos del mundo del cine, tv.... visualizan sus objetivos e incrementan las posibilidades de alcanzarlos. Ponlo en práctica, vívelo y mira cómo sucede el milagro.

Si Tú No Programas Tus Ventas En Tu Mente, Alguien Lo Hará Por Ti.

7 JUNIO

Nada es más importante como aprender y mejorar. No hay nada mejor que un buen libro, los grandes vendedores son lectores. La mayoría de los vendedores no leen nada sobre su campo profesional. En los libros puedes encontrar las mejores herramientas, experiencia y sabiduría que han dejado plasmada grandes personajes, líderes en el mundo de las ventas, aprender de ellos te va a permitir contagiarte de su talento, al leerlo estás conectando con su energía de tal modo que te motivará a continuar con tus ventas de un modo más positivo, marcando una gran diferencia con el resto de vendedores. Adopta el hábito especialmente antes de irte a dormir y al iniciar tu día, ten la seguridad de que cuando salgas por la puerta tendrás más energía y actitud positiva, observa como tus ventas son mucho más productivas. Contra más leas más te diferenciarás de los demás vendedores, irás más rápido hacia el ascenso de tu profesión.

Hoy Un Lector, Mañana Un Gran Vendedor.

8 JUNIO

El mundo es de los que venden no de los que piensan que van a vender. Es importante que controles lo que entra en tu mente, pero has de observar que todos los vendedores que consiguen alcanzar sus objetivos son personas con un nivel de energía superior, comprometidos con sus ventas y tomando siempre acción masiva. Es SÚPER IMPORTANTE que adoptes el hábito de trabajar duro, con perseverancia durante un largo periodo de tiempo. Disfruta del proceso, no vayas vendiendo como si llevaras un gran peso sobre tus hombros, vendido por la negatividad y preocupaciones del mundo.

Para ser un vendedor de éxito necesitas mucho tiempo, dedicación y amor por lo que haces, en el momento que desatiendas cualquiera de estas áreas no conseguirás alcanzar tus objetivos. Para ello toda tu energía y enfoque tienen que estar dirigida hacia tus ventas con perseverancia. Ser un vendedor exitoso está al alcance de todos, solo tienes que anhelarlo, desearlo, buscarlo y alcanzarlo. El deseo por vender tiene que ser tan grande que no consentirás que nada ni nadie se interponga en el camino.

El Mundo Es De Los Que Hacen De Cualquier Momento La Mejor Venta De Su Vida.

9 JUNIO

Somos seres ilimitados, tenemos una gran fuerza interior que está fuera de nuestra racionalidad ¡pero está! No tienes que entenderlo todo, pero puedes hacerte consciente y utilizarlo a tu favor. Tú puedes conseguir todo lo que quieras hacer, no hay nada que no puedas realizar si no permites que tus creencias, dudas o temores te detengan. Ten una absoluta fe, confianza en tu capacidad de hacerlo, fuerza, inteligencia, sabiduría, comprensión de que puedes realizar lo aparentemente imposible. Apunta a la luna y llegarás a las estrellas, no temas aspirar muy alto. Recuerda que no hay límites y que si puedes imaginarlo, puedes crearlo, de otra manera no existiría en tu mente. Date permiso para realizarte como vendedor exitoso y vende más allá de tus limitaciones.

Nada Es Real Todo Depende De La Lente Con La Que Lo Mires.

10 JUNIO

No puedes asumir clientes más grandes si no eres capaz de manejar los pequeños. No es la vida injusta, ni quiere darte a ti un poco y a otros mucho, la vida te da lo que tú estés dispuesto a asumir. El mundo necesita de vendedores comprometidos con valores, dispuestos a vender desde el amor y servicio por el prójimo, dispuestos hacer de este un mundo mejor a través de sus productos o servicios, pero no puede hacerlo si ni siquiera somos capaces ni de amarnos a nosotros mismos, no podemos dar lo que no tenemos, debemos de empezar por nosotros mismos y a continuación expandirlo a nuestros clientes aportando el mejor servicio, siendo un ejemplo de vendedor a seguir, no hay otra forma que obteniendo los resultados y enseñarlos a todo aquel que esté interesado en aprender de ti. No puedes dar de beber de tu vaso si tu vaso está vacío o sucio. Tienes que servir desde el amor a tu entorno más cercano, antes de servir a nivel mundial.

El Pesimista Ve El Vaso Medio Vacío, El Optimista Medio Lleno Y El Buen Vendedor Va En Busca De Más Agua.

11 JUNIO

Eres un vendedor único, no especial. Si te consideras especial y quieres defenderlo estarás en contra de la verdad, de lo que verdaderamente eres, no te permitirás conocer que siempre hay algo nuevo y emocionante por aprender, siempre puedes mejorar tu desempeño como vendedor, aprender y corregir tus errores. Tienes que estar abierto a lo nuevo, no puedes estar toda la vida del mismo modo. La auténtica felicidad está en el progreso, en ocasiones has de estar dispuesto a abandonar lo viejo para que lo nuevo pueda entrar. ¿Cuántas veces has creído que ya no te queda nada por aprender de tu profesión? ¿Qué estás observando del mundo de las ventas? ¿Crees que todo sigue igual que siempre? Nunca te muestres especial, Ábrete a conocimientos nuevos aunque no los comprendas del todo, escucha a la vida, siente desde el profundo conocimiento interno, al hacerlo tu comprensión, tu profesión y tú creceréis.

No Eres Ni Mejor Ni Peor Vendedor Que Nadie Eres Tú Y Eso Nadie Lo Puede Superar.

12 JUNIO

¿Cómo puedes saber si tu pasión es vender, si no lo pruebas? Habitualmente las cosas que más nos apasionan hacer no las sabemos, de otra manera ya las estaríamos haciendo e incluso convertido en profesión. Vivimos llenos de limitaciones causadas por nosotros mismos. Tú puedes ser un vendedor tan grande como tú quieras, si estás dispuesto a sacrificar pequeñas cosas, cambiar y controlar tus pensamientos, pagar el precio de las cosas que valen la pena. Si crees en ti mismo, tienes coraje, determinación, dedicación y deseo de obtener resultados positivos, puedes lograr todo lo que te propongas. Imagínate un elefante de circo con su tamaño y fuerza que le caracteriza, sin embargo él vive encadenado. ¿Cómo puede un elefante llegar a pensar que no puede deshacerse de esas cadenas y ser libre? Porque de pequeño el elefante intentó escapar, su fuerza no era tanta para romper la cuerda y no lo logró. Si una vez no lo logró él piensa que jamás lo logrará y por eso nunca lo vuelve a intentar. Todos somos como el elefante, de alguna forma estamos atados a cuerdas que no nos permiten avanzar.

Sé Un Vendedor Apasionadamente Curioso Y Que Esa Curiosidad Te Permita Vender Más.

13 JUNIO

Para tener mucho éxito en tus ventas tienes que continuar aprendiendo, recordando, experimentando hasta haberlo dominado, comprométete con la excelencia, la profesión exige todo lo que tienes. Continúa experimentando y no te decepciones si no ves los resultados inmediatos, sencillamente continúa dando lo mejor de ti y con el tiempo verás lo maravillosamente bien que funciona. El mundo de las ventas es apasionante si realmente estás dispuesto a entregarte y disfrutar de ello. Deja de chapotear en la orilla del mar y observa la dimensión del océano, ¡adéntrate! Sé consciente del espacio que tienes para poder nadar con tranquilidad y disfrutar de esas aguas cristalinas. Observa el horizonte infinito del mar ¡hay agua para todos! Lo mismo ocurre con tus ventas donde encontrarás espacio suficiente para tú éxito, no te limites a la percepción de la escasez ¡hay ventas suficientes para todos!. Apaga esa vocecita que te dice "no hay suficiente" "no se puede vender más" "hay muchos vendedores ofreciendo lo mismo" tienes derecho a más y siempre lo tuviste.

¡Hay Suficiente Ventas Para Todos!

14 JUNIO

¿Cómo podrías ayudar a más personas? Recuerda que las ventas es un proceso de dar y recibir y que contra más des más recibirás a cambio. Conviértete en el vendedor que te gustaría tener y haz de tus productos o servicios aquellos que a ti te gustaría tener, aquellos que sabes que te van hacer bien, aquellos que a ti te habría gustado tener. Toma consciencia de que lo que no tienes no lo puedes dar, no puedes dar lo mejor de ti si no te conviertes en tu mejor versión, no puedes vender un producto si no lo conviertes en lo mejor, primero para ti y después para los demás, tienes que ser íntegro en lo que haces, dices y vendes. La mejor forma es demostrándolo, en primer lugar bajo tu experiencia, los beneficios y resultados que has obtenido tú, a continuación bajo las experiencias de tus clientes, pídeles recomendación, si a alguien más le está funcionando y obtiene buenos resultados significa que puede mejorar la vida de alguien más. La venta es un acto de generosidad si lo enfocas hacia un bien común.

Si A Ti Te Funciona, Tu Responsabilidad Y Deber Moral Es Venderlo.

15 JUNIO

Ayuda a todos tus clientes y los que no son clientes también, el mundo necesita más vendedores dispuestos a servir y ofrecer sus servicios desde el amor, deja de pensar en tus comisiones y centra toda tu energía en aportar valor, contra más mejor. Tienes que hacer sentir a las personas que realmente son importantes para ti, las quieres ayudar y no hay una mejor manera de hacerlo que amando lo que haces. Pon los valores por encima de las necesidades, muévete hacia tu auténtica esencia la energía del amor y felicidad, poco a poco se contagiará expandiéndose por el mundo. Haz que se te recuerde como un vendedor de sonrisa iluminada, generoso, servicial, humilde..... impacta al mundo de vendedores con una actitud positiva ante el mismo, tienes un papel que jugar en esta área, quizás sea una pequeña parte, pero es la pieza perfecta para completar el puzle. Ve encajando en tu sitio dando todo lo que tengas que dar en tu oficio.

Eres La Pieza De Puzle Que Da Sentido Al Área De Las Ventas.

16 JUNIO

¿Cuáles son los objetivos de ventas que te harán para cumplir tus sueños? Esos que te vienen por inspiración, no por motivación. ¿Para qué quieres cumplir esos objetivos? Busca la respuesta en lo más profundo de tu ser, comprueba si realmente lo haces por amor o simplemente es un beneficio económico. ¿Por qué? Este tiene que ser grande porque contra más grande sea tu porqué más sentido les darás a tus ventas y con más ilusión actuarás en consecuencia. Las ventas no volverán a ser aburridas una vez tengas claridad sobre estas preguntas, porque activarás la presión interna, se convertirán en lo más importante para ti haciéndote actuar con movimiento y enfoque.

Puedes seguir vendiendo como antes o aumentar tu potencial en esta área hasta llegar a ser "por qué no" el mejor vendedor del mundo. Eres libre de hacerlo, pero no esperes que ocurran grandes cambios en tus ventas si no lo escoges.

La Inspiración Sin Ejecución No Es Nada.

17 JUNIO

Aporta más amor y valor a todo, en la misma medida serás valorado ¿Qué miedo tienes? Sal a vender, nadie más lo hará por ti. Vivimos en una época donde todo lo queremos rápido, cerrar la venta rápido, que el producto llegue rápido, responder a los clientes rápido…. es una evolución y hay que adaptarse felizmente, pero no perder los valores y el sentido común que conlleva esta profesión. Ten paciencia, trabaja en ti y aporta lo mejor a todos tus clientes, las relaciones comerciales en muchas ocasiones necesitan un trato especial, conocer al cliente, sus necesidades, generar confianza, enamorarte de tu producto y enamorar al cliente, mostrarle tus productos hasta descubrir cuál es el que necesita y ver cómo puedes ayudarle, buscar una relación de amistad. ¿Dirías en una primera cita, el anillo pá cuándo? Hacer esto te supone una negativa y te puede cerrar las puertas a la relación. Lo mismo puede ocurrir con tus ventas.

Ten Amor Para Dar Y Vender.

18 JUNIO

¿Qué resultados esperas ver en tus ventas? ¿Qué esperas ver de tus clientes, compañeros, empresa? Abre tus ojos y mira todo lo bueno que tienes a tu alrededor, aprécialo. Cuando esperes ver lo bueno lo verás; mientras que si esperas ver lo malo, también lo verás. La elección es tuya. Pero piensa que de una misma fuente no puede salir agua dulce y agua amarga. Es muy importante que tengas una actitud positiva ante las ventas. No puedes crecer y expandirte si tu atención está puesta en las dificultades y obstáculos. Hay algo bueno en cada situación, tómate el tiempo para descubrirlo, igualmente siempre hay algo por lo que dar gracias. Inunda tu corazón de amor y podrás ver y transmitir ese amor mediante tus ventas, si no consigues poner amor estarás cegado y no podrás ver más allá de lo que es una simple venta. Quítate la venda de los ojos y deja de quejarte de tu suerte en tus ventas. Si te sientes estancado la forma más rápida de cambiar es comenzando a dar a los demás.

No Es Posible Que La Higuera Dé Aceitunas O Que La Vid Dé Higos.

19 JUNIO

Los problemas no dependen del problema sino del tamaño que tú eres, el tamaño de tus capacidades. El mismo problema para dos vendedores puede tener diferente tamaño. Aumenta tus capacidades hasta el punto de que tu problema lo veas pequeño. Orientarte a las soluciones, a como solventar las situaciones y no a los problemas. Los principales obstáculos en realidad son mentales. No te condenes por tus incapacidades, faltas, errores, fracasos. Esas debilidades son tu fortaleza y virtudes. Tú eres una persona de éxito, por eso todo lo que piensas se cumple, observa si te niegas a ver lo mejor de ti o por el contrario escoges ver y pensar todo lo negativo, debes estar dispuesto a aceptar las consecuencias. Es lo que guardas en tus pensamientos lo que se manifestará en tu mundo físico. Eres tal como piensas, si piensas lo mejor, atraerás lo mejor.

Ser Un Vendedor Pesimista Es Alargar Los Problemas El Doble De Tiempo.

20 JUNIO

Cada vez que has tenido éxito en tus ventas, ¿qué tipo de pensamientos tenías sobre ese proyecto? ¿Te obsesionaste con ello? No te quedes satisfecho al ir a la deriva como un barco sin timón, soplan mucho vientos los cuales pueden desviarte dejándote navegar por en medio del océano sin rumbo fijo. Sin un propósito definido y divina obsesión por llegar al objetivo en tus ventas no irás a ninguna parte. No te dejes arrastrar por la corriente, demasiados vendedores van navegando sin saber a dónde se dirigen con el resultado de que no lograrán llevar a cabo nada que resulte muy constructivo. Vende dando lo mejor de ti, navega hacia delante y vencerás todos los vientos con auténtica fuerza y convicción. Haz lo que sabes que hay que hacer, tu brújula esta en tu interior, no en el exterior, es tu guía y te conducirá a tu destino, aun cuando el viento sople fuerte, encontrarás la paz y revelación interna sin estrés, para obtener un buen provecho tienes que arriesgar, utiliza tus instrumentos y capacidad no desaproveches la oportunidad, sácale partido.

Barco En Varadero No Gana Dinero.

21 JUNIO

Tú tienes valores potenciales que todavía desconoces. Si te dedicas al mundo de las ventas y te agrada, es un regalo tienes un poder enorme entre tus manos, agradece y asegúrate que lo usas de un modo recto en beneficio de todos. Puedes utilizar tu poder de un modo positivo o negativo, el uso que hagas de él solo depende de ti. Solo si deseas ver los mejores resultados y lo utilizas de un modo positivo, puedes sentirte realizado alcanzando así el verdadero éxito. Tú puedes utilizar un cuchillo para matar a alguien, o puedes utilizarlo para cortar un trozo de una deliciosa tarta. Al igual sucede con tus ventas, puedes vender con el propósito de ayudar, dar el mejor servicio, aportar con tus productos valor a tus clientes, vender desde el amor, confianza y respeto. O puedes centrarte en ti y en tus comisiones, vendiendo por tu propio interés y necesidad, centrándote solo en tu beneficio, engañando a los clientes con tal de conseguir tus ventas y objetivos. Utiliza tus ventas de un modo adecuado y verás desplegarse auténticas maravillas, vende de un modo adecuado y estarás siendo empleado para ayudar a las personas y además dejar un mundo mejor.

Tienes Un Poder Enorme ¿Has Decidido Ya Como Usarlo A Través De Tus Ventas?

22 JUNIO

La mayoría de vendedores no logran lo que quieren porque subestiman el precio a pagar. Si quieres ser un vendedor de éxito, debes estar dispuesto a pagar el precio, sabiendo que el precio es igual de grande o más como lo sea tu cliente potencial. Tienes que comprometerte con tus ventas, actuar todos los días con acción masiva hacia tus objetivos. ¿Por qué crees que no lo vas a poder lograr? No permitas que este pensamiento te sabotee, ya sabes que solo es un pensamiento y que tú puedes tomar el control sobre él. Siempre hay dos caminos: el fácil o el difícil. Escoge el difícil, es decir, lo que estés haciendo ahora mismo en tus ventas, multiplicado por diez. Tienes libre albedrío, eres completamente libre de escoger la vida que desees, pero sin un compromiso, dedicación y acción no podrás alcanzar tus metas, este es el verdadero precio. Lo peor que le puede pasar a un vendedor es que gane mucho dinero al inicio de su carrera, se acomodará y pretenderá siempre llegar a su objetivo por la vía rápida. Empieza todos los días partiendo desde cero, no des nada por hecho, hazte 100% responsable.

Dite La Verdad ¿Estás Dando El 100% En Tus Ventas O No?

23 JUNIO

Dite quién eres, qué clase de vendedor eres, defínete tú, para que nadie más te defina. Vendrán muchas personas que te quieran desviar e intentar decirte como tienes que ser, vender, muchas ideas y caminos, en ocasiones te llegarás a encontrar solo, no temas, solo son pruebas para reafirmarte tú mismo. Si te entran las dudas, si te sientes agotado, escribe de nuevo tus metas y los motivos por los cuales quieres vender más. Mantén siempre tus valores. No te aferres a ningún clavo ardiendo, tan solo continúa con fuerza y poco a poco tus dudas y miedos se alejaran de ti. Que no te importe el aspecto que pueda presentar tu competencia, una negativa, un error, una situación difícil, todo eso es algo que procede del exterior, solo son apariencias, si tú conoces tu propio valor y te mantienes firme ante lo que tú te has dicho que eres tarde o temprano lo serás.

Ten La Valentía De Definir Qué Clase De Vendedor Tú Eres.

24 JUNIO

¿Qué edad tienes? ¿Qué edad sientes? La edad es solo un número. Nuestro cuerpo físico con los años envejece, pero el alma no tiene edad. La vida son etapas, pero la fuente de la juventud reside en la propia conciencia. Si observas, existen vendedores de cincuenta años que tienen mucha más energía y vitalidad que algunos de veinte. No dejes que un número determine tus ventas mantén tu mente joven, fresca, alerta…. cuando tienes muchos intereses y disfrutas de tus ventas plenamente, nada es imposible. Ahora no tienes por qué decir:

¡Eres muy joven, no lo lograrás!

¡Eres muy viejo, ya no podrás!

Tienes la edad en la que las cosas se miran con más calma, llevas contigo la experiencia adquirida con el interés de seguir creciendo. No importa si cumples veinte, cuarenta, cincuenta o más, lo que importa es la edad que sientes.

Sal ahora de esta prisión creada en forma de pensamiento universal, permítete ser libre continuar vendiendo si es realmente lo que te apasiona y apetece, otórgale menos importancia a tu edad y más importancia a tus ventas.

La Edad Es Solo Un Numero Lo Demás Es Actitud.

25 JUNIO

No hables con extraños, cuántas veces has escuchado esta frase de pequeño. Entonces entiende que es normal que te cueste vender, la falta de confianza, vergüenza, no querer ser transparente…. identifica esta creencia y a continuación véncela, reconoce que hay creencias limitantes que ahora no te están beneficiando, podrá haber sido útil para cuando tenías cinco años si salías solo a la calle lo mejor era no hablar con extraños porque eres indefenso y no te sabes defender, pero ahora ya no. Esta creencia es obsoleta, pero tu subconsciente la sigue pensando. Cuando quieres venderle a un extraño, ¿cuál es la mejor forma de conseguirlo? Hablando con él, presentándote, mostrándole tus productos, ver qué es lo que necesita, cómo puedes darle más valor con tus conocimientos….. Justamente lo que tienes que hacer para vender es hablar con extraños, con todos lo que puedas incluso en la parada del metro, en la cola de la compra, en una fiesta, en el gimnasio…. aunque no estés en horario laboral, no importa, nunca sabes dónde puedes encontrar la venta.

Solo Estás A Un Pensamiento De Cambiar Tus Resultados De Ventas.

26 JUNIO

¿Recuerdas el cuento de los tres cerditos? Cada uno de ellos busca la manera de construir su casa con el material que mejor le parece. Uno de ellos la construye de ladrillo y cemento a pesar del tiempo, esfuerzo, lo gris y aburrido que le supone construir esa casa, pero al ser de ladrillo él sabe que el lobo no la podrá derribar.

Aplicando este cuento a nuestras ventas, debemos de saber que sin esfuerzo y a regañadientes solo conseguiremos crear unas vibraciones erróneas, quizás venga un lobo vendedor y todo el trabajo te lo tire abajo de un soplido. Asegúrate de construir tus ventas de cimientos y ladrillos es decir ofrecer lo mejor y dar lo mejor de ti. El trabajo más mundano y ordinario cuando está hecho con amor, tiempo y dedicación puede producir resultados sorprendentes. Acuérdate también de ayudar como el cerdito hizo con sus hermanos, es decir, mantén siempre los valores adecuados, permite entrar a tus clientes siempre sin ningún problema ni exigirles nada a cambio. Date cuenta de que lo que estás haciendo es necesario porque no hay ninguna tarea o acción que resulte demasiado pequeña o insignificante.

Las Casas Se Construyen Con Ladrillos.

Las Ventas Se Construyen Con Valores.

27 JUNIO

¿Cuántas veces has tropezado una y otra vez con la misma piedra?

No hay nada de malo en cometer errores, pero se convierte en un problema cuando el error siempre es el mismo. Esto es una clara señal de que tienes que ir un poco más allá del efecto, investiga cuál es la causa que está determinando que este error se repita una y otra vez. Adentrarte en lo más profundo de tu ser, siéntate a meditar, calma tu mente hasta que des con esa creencia que puede estar limitándote. Una vez lo detectes dale la vuelta y aprende de lo que te está ocurriendo. Puede ser que varios clientes se estén quejando de algo, que dejen de comprarte, sufras muchas negativas…. etc. Mantener una actitud mental positiva ante estos sucesos es ser muy honesto contigo mismo, ver la parte negativa y positiva de la situación y sacar el mejor aprendizaje de ello. De ti depende escoger lo que vaya a ser de esa situación y aprender.

No Te Hagas Amigo De La Piedra Con La Que Siempre Tropiezas.

28 JUNIO

¿Qué sucede si pones una naranja podrida en un cesto de naranjas sanas? Se pudren todas. Lo mismo ocurre cuando frecuentas con vendedores muy tóxicos. Existen vendedores que se pasan el día en modo queja, este comportamiento puede influenciarte negativamente en tu día y en tus ventas. También puede ocurrir con tus clientes tóxicos, estos requieren más trabajo, más gastos o más esfuerzo, pueden hacerte perder el tiempo y energía, la venta debe de ser un ganar, ganar. Detectar este tipo de comportamientos y alejarte en el momento preciso es amarte y valorarte como vendedor profesional que eres. No solo nuestras emociones son muy importantes a la hora de vender, sino también las personas con las que nos relacionamos. Cuando te juntes con vendedores alegres, positivos, activos, con ganas de vender siente como con esa energía te contagian, al rato de estar con ellos tienes más ganas de vender. Al contrario ocurre cuando te juntas con vendedores tristes, apagados, quejicas, enfadados, es como un virus. Los vendedores de éxito se enfocan en lo que quieren lograr, en sus metas y objetivos, hablan de ello y se acoplan entre ellos, se tu uno de ello y conseguías alejar a los vendedores tóxicos.

Vendedores Tóxicos ¡Evítalos!

29 JUNIO

No importa lo que eras, importa lo has venido a ser y lo que eres aquí y ahora. Las situaciones, acontecimientos, errores cometidos en el pasado no te definen, ya no hay nada que puedas hacer al respecto solo aprender y aceptar.

Hoy es un día totalmente diferente un nuevo día donde puedes escribir nuevas lecciones, de ti depende si quieres escribir lo maravillosas que van a ser tus ventas, lo que vas a disfrutar aportando lo mejor de ti a tus clientes, las conversaciones productivas que vas a tener en el día…. o quieres continuar reescribiendo lo errores que cometiste. Es algo que tú, solamente tú puedes escoger para que suceda. Levántate cada día con la misma ilusión de cuando eras niño, con esas ganas por aprender jugando, pero esa alegría tiene que ser de verdad que proceda de lo más interno, para ello debes de tomarte tu tiempo para meditar, conectar con este sentir y dejar que la paz te rodee. Meditar por la mañana te permite entrar en el día preparado para aportar lo mejor de ti a tus clientes, es fácil llevar ese estado mental al día y transmitirlo a todos los clientes y personas con las que entres en contacto, solo tienes que decidirlo y practicarlo.

No Importa Lo Que Hayas Vendido En El Pasado, Sino Lo Que Vendas Aquí Y Ahora.

30 JUNIO

Tu seguridad tiene que estar en ti, no en tu empresa, ni en tus clientes, ni en tus productos. Si tú sabes vender, sabes que puedes vender cualquier cosa. Es como algunos millonarios que se han arruinado varias veces y vuelven hacer riqueza. No es por las situaciones externas que lo consiguen, no porque tienen más suerte que nadie, es porque saben hacerlo, conocen las leyes a la perfección, por eso no temen al fracaso, saben que detrás de un gran fracaso hay un gran aprendizaje y este lo único que hace es reforzar sus conocimientos haciéndose cada vez más abundantes, tanto económicamente como mentalmente. Lo mismo ocurre con los grandes vendedores no temen a los cambios que pueden aparecer en las ventas, saben que cada cambio que ocurra ha de dar lo mejor tanto si son cambios profesionales, como personales, entienden que han de suceder y absorben el mayor aprendizaje posible de ello. Saber esto te permitirá reforzarte en unos conocimientos sólidos para llegar a ser un gran vendedor. ¿Qué miedo puedes tener si tú ya sabes vender? Muévete hacia delante y hacia lo alto, las mejores ventas aún está por llegar.

Confiar En Ti Mismo Hará Que Tengas Media Venta Ganada.

JULIO

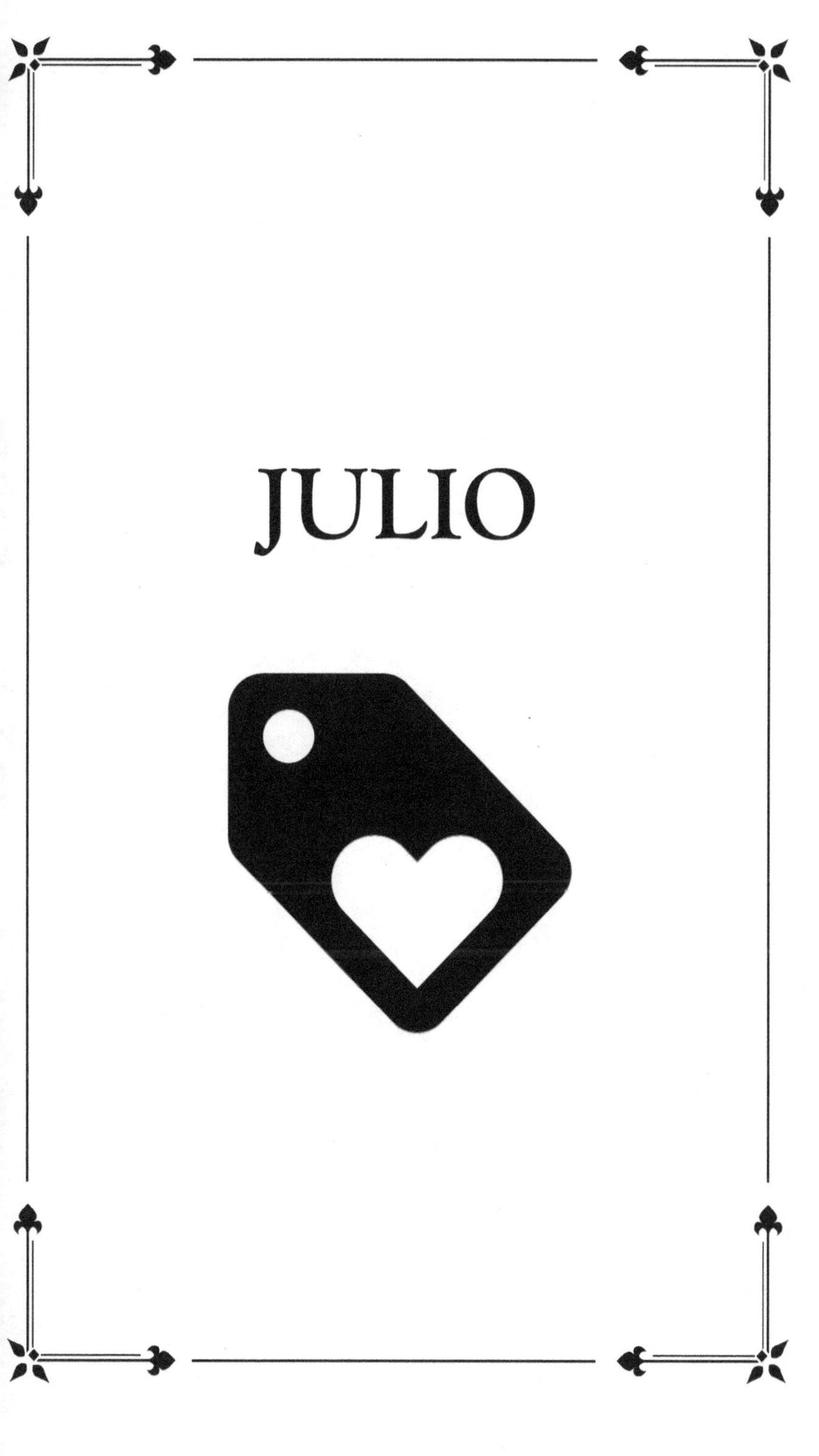

1 JULIO

Comprométete a vender desde el amor y servicio hacia los demás. Haz de tu profesión tu pasión, no te enfoques en tu comisión, trabaja por el placer de ayudar y contribuir mediante tus productos o servicios, la comisión y la abundancia llegará por añadidura. ¿Quieres un millón de euros? Soluciona un millón de problemas, enfócate en solucionar el máximo de problemas posibles. No solo mejorarás la vida de tus clientes con tus productos y servicios, sino que también mejorarás la tuya y la de tu familia ya que a medida que tú aportes valor a los demás así te será devuelta. Pero debes enfocarte en servir, debes entender que la ley de la abundancia está en el DAR para RECIBIR. No te enfoques en tu competencia, enfócate en ti, en cómo puedes mejorar cada día, cómo puedes dominar tu sector, cómo puedes hacer llegar tus productos a más personas.

Tatúate esta frase en la mente:

No Hay Competencia Para La Excelencia.

2 JULIO

Una vez que una persona ha experimentado el mundo de las ventas, toda su esencia, beneficios y desafíos que aporta esta profesión, es consciente de lo que puede aportar a las personas con su labor como vendedor….. ya no puede volver a otra profesión que no tenga nada que ver con las ventas. Sí podrá ascender a un puesto superior, pero probablemente esté irá enfocado hacia el mismo objetivo, VENDER. Es como una mariposa cuando ha salido de su crisálida, ha descubierto que puede volar y todas las maravillas que puede ver desde lo más alto. Ya no hay vuelta atrás, sino un continuo abrir de nuevo las alas y volar. Ábrete a vender desde el amor y servicio, cada día, cada segundo, cada minuto, cada hora. Siente la emoción de cada conversación, cada venta, cada negativa, cada llamada, siente cómo mejoras cada día. Jamás hay un momento aburrido en esta profesión cuando estás muy despierto, observa cómo en cada momento está sucediendo algo. Permite que suceda y no intentes manipular, ni detener nada. Lo que suceda será lo mejor para tu crecimiento y beneficio de todos.

Fluye Con Tus Ventas y No En Su Contra.

3 JULIO

¿Por qué no comenzar tu día siendo un alumno de tus ventas? Estate dispuesto a aprender sin miedo, Ábrete a aprender de tus ventas, de tus clientes, de todos los sucesos y personas que se te presenten en el día, sincronicidades.

Una de las cosas más gratificantes de esta profesión es que siempre estás aprendiendo. Pero la decisión de ser un buen alumno es solo tuya. Es como cuando estabas en el cole, de ti dependía el aprender más o menos, algo que también iba en función del tema que estabas dando, si este te gustaba prestabas más atención, aquí también jugaba un gran papel el profesor. Lo mismo ocurre con tus ventas, depende del amor que le pongas, si te gusta vender, ayudar, servir…. pondrás más atención, desempeño, compromiso. El maestro que te acompañe por el camino, enseñándote o guiándote, es decir, tu director de ventas también juega un gran papel en tu aprendizaje. Estate dispuesto a aprender del mejor ya que esto es una clave muy importante para el éxito en tus ventas.

Un Buen Vendedor Es Un Buen Alumno De Sus Ventas.

4 JULIO

¿Estás preparado y dispuesto a desarrollar tus habilidades de manera continua? Tienes que crecer. Cada día debes aumentar tus habilidades de ventas, debes invertir parte de tu tiempo y dinero en ti, en tus conocimientos, cursos, desarrollo personal y profesional. Cuando un armario está lleno a rebosar se abren las puertas y lo que está en su interior salta hacia afuera, no hay nada que pueda detenerlo. Lo mismo ocurrirá cuando te llenes de información, conocimiento y sabiduría. Toda esa información saltará hacia el exterior, aportarás a tus clientes, empresa, compañeros o cualquier persona que se presente todo tu aprendizaje, valor y sabiduría. Pero tienes que tener muy en cuenta que todo esto no servirá de nada sin una actitud adecuada ante la vida, si no utilizas todo tu poder espiritual interno y lo enfocas hacia un bien común. Por lo tanto cuanto antes te llenes de todo lo mejor desde el amor, más pronto contemplarás el progreso tanto en tus ventas como en tu vida.

Aprende A Vender Siempre.

5 JULIO

¿Quién es el mejor vendedor de tu compañía? Escógelo como maestro y sigue sus pasos, elige una persona que ya esté donde a ti te gustaría llegar, sea como a ti te gustaría ser, y tenga los resultados que a ti te gustaría tener. Aprender de los profesores es bueno, pero aprender de los maestros es lo que te hará que llegues a obtener los mismo resultados porque un profesor te enseña algo que él también aprendió, pero un maestro te muestra el camino que él transitó hasta llegar a conseguir los resultados deseados. Una de las cosas que te enseñan en la escuela es a no copiar, esto es otra creencia que nos limita que quizás en aquel entonces y para ciertas cosas era útil, pero en este caso copiar no significa ser igual que esa persona, sino seguir sus pasos, hacer y tener hábitos que él hace y tú no sabes. Pregúntale a tu maestro, dile que quieres aprender de él, desde el respeto. ¿Cómo te sentirías tú si alguien te dijera que quiere aprender de ti? ¡Fabulosamente! Sin embargo pensamos que no y renunciamos porque nos han enseñado a no copiar. Cambia de actitud ante esta creencia, piensa, actúa rápidamente y camina con tu maestro de la mano.

Un Buen Maestro En Ventas Enseña Con El Ejemplo

6 JULIO

En todas las situaciones de ventas aparecerá un maestro. Todo pasa por y para ti, cuando la venta se convierte en tu propósito de vida adquirirás la capacidad para reconocer al maestro en todos los lados. Sabrás entender todas las situaciones que se te presenten, entenderás que no hay venta buena ni mala, sino que todo dependerá del cristal con el que lo mires. La venta te resultará mucho más divertida y reconocerás que todos tus clientes son maestros y tienen mensajes para ti, pero debes permanecer muy atento a los mensajes. Si algún cliente actúa de algún modo que a ti no te gusta, te molesta e incluso te irrita, esto es un mensaje potente para ti, ya que algo en tu interior se está removiendo, por lo tanto no intentes cargarte al maestro o tapar esta emoción, más bien siéntate, medita la situación y saca todo el aprendizaje de lo que te está ofreciendo ese cliente. Cuando hayas entendido y aprendido de ello se irá deshaciendo hasta desparecer. He incluso puede dar lugar a que se realice una de tus mejores ventas.

No Existe Bueno Ni Malo; Es El Pensamiento Humano El Que Lo Hace Parecer Así.

-WILLIAM SHAKESPEARE-

7 JULIO

Decide ser un vendedor feliz, sonríe a la vida y a las ventas no solo con la boca, sino también con el corazón. Pero tienes que tomar consciencia de que las ventas no te van a dar la felicidad, no depende de tus ventas, depende de ti, tú tienes que determinar ser feliz en cada momento, en cada situación, independientemente de qué vendas o no. Las cosas no suceden por casualidad sino por CAUSUALIDAD, es decir, todo cuanto nos pasa tiene un origen, incluso el que vendamos o no. Todo en el universo es vibración, todo está en constante movimiento por lo tanto tú atraes a tu vida y a tus ventas en función a las vibraciones que estés emitiendo. ¿Vendes sin motivación, arrastrando los pies, deseando que llegue el fin de semana para quedarte en casa y no hacer más visitas ni hablar con nadie? Esto es una emoción la cual emite una vibración, por ley de causa y efecto es lo que atraerás a tus ventas. Acepta que esto es una ley, es un hecho, por lo que si quieres cambiar los resultados debes hacer algo para cambiar el estado. Crece y expande la conciencia, entiende el misterio y maravilla de la vida y paso a paso avanzarás hacia lo alto en tus objetivos de ventas.

Como Vibras… Atraes.

8 JULIO

Imagínate un mundo donde nos ayudáramos los unos a los otros a través de nuestras ventas, siendo conscientes del amor, el valor y mejor servicio que podemos aportar a la humanidad con nuestros productos. Poder crear clientes para toda la vida donde la confianza sea tanta que si un día vas andando con tu hijo, te cruzas con alguno de tus clientes, es tanta la alegría que sentís de veros que os saludáis con un gran abrazo y una enorme sonrisa. Es un reflejo de agradecimiento hacia ti y hacia aquel producto o servicio que le vendiste, el sentimiento es recíproco, por lo cual os despedís muy contentos por el reencuentro. ¿Te das cuenta del ejemplo que le estarás dando a tu hijo? Estarás enseñándole lo que pueden aportar las ventas a la humanidad, para él será un gran aprendizaje sobre los valores y actitud que tiene que tener ante la vida. Independientemente de que tu hijo estudie una carrera, una profesión, un negocio.... si no sabe venderlo, si no aprende los valores indispensables que tiene que tener para poder vender, está fastidiado. Tú puedes mostrarle el camino.

Sin Ventas No Hay Empresa.

9 JULIO

Aprende a ir más allá de tus ventas, ir más allá de ti mismo de tus propios límites, entrar en fe, hacer lo que te parece imposible. Tienes que probar y saber que todas las ventas son posibles simplemente debes hacerte esta reflexión.

Si alguien ya ha obtenido los resultados que tú deseas, significa que tú también puedes, y si todavía nadie lo ha conseguido, tú debes ser el primero en hacerlo y demostrar que sí se puede. Tienes que probar y demostrar que todas las cosas son posibles. Saber que si entra en tu mente entra en tu mundo, es decir, que lo que está pasando en tus ventas es porque consciente o inconscientemente en algún momento lo pensaste. No te limites a vivir dentro de tu pequeño mundo, temeroso de creer. Hay más ventas afuera esperando ser descubiertas por ti. Muestra al mundo que todo se puede conseguir, pon tus valores y ventas en primer lugar, aprende a dar saltos de gigante para subir los escalones y lograr el éxito en tus ventas, haz que estos principios funcionen. Verás aumentar no solo tus ventas, tu confianza, seguridad, satisfacción profesional, amor….. mira como sucede, porque estás vendiendo y poniendo en práctica tu fe.

Mira Más Allá De Tus Ventas.

10 JULIO

¿Qué imagen estás dando de ti? No tienes más que una oportunidad para causar una primera impresión. La primera impresión define en gran medida la comunicación o la atención que tendrás con tu cliente. La manera de acercarte, presentarte, conversar, presentar tus productos, son factores que hará que el cliente quiera saber más. Debes cuidar con esmero la impresión que causas ante un cliente. Debes cuidar tu aspecto, movimientos, forma de hablar y comunicar, saber escuchar. Todas estas cualidades te definen como un vendedor único, tienes tu parte específica que desempeñar, no intentes jugar el papel de nadie más. Busca y encuentra el tuyo propio y permanece fiel a él. El oficio de vendedor requiere de vendedores distintos con cualidades y dones individuales, cada uno con su propio estilo y vendiendo los productos y servicios que más se acoplen a su estilo. No pretendamos ser idénticos como los guisantes, debemos de ser auténticos y vender a nuestra manera.

¡Tienes Un No Sé Qué, Que Qué Sé Yo, Que Yo Sé Qué!

11 JULIO

Debes ser un vendedor BP "buen partido". Tú conoces las características que te definen para que así lo seas, pero más que hablar de ello debes demostrarlo en las dosis correctas para dar más credibilidad y que sea más efectivo. Las ventas y el mundo en general tienden a ser cada vez más precoces, lo queremos todo rápido ¡YA! Pero no debemos olvidar los valores que hacen la unión entre las personas. Antes de pedir a un cliente que te compre, el cliente necesita estar seguro de que tú eres la compañía, producto, servicio, marca, profesional correcto, puede confiar en ti y puedes resolver cualquier duda o problema que se presente. Antes de realizar la compra el cliente tiene derecho a comprobar que todo cumple la función que él necesita, para eso está el vendedor, el catálogo, redes sociales, artículos, páginas web, testimonios, referencias, ferias y el producto o servicio que ofreces tipo "pruebe sin compromiso". Disfrutar de la relación comercial, dedicar el tiempo que se merece a cada cliente, ser generoso, ofrece tus mejores productos y dar siempre lo mejor de ti, es buscar esa conexión con tus clientes, es un intercambio de energía.

Da Siempre Lo Mejor De Ti Y Lo Mejor Vendrá.

12 JULIO

Cuando tu anhelo por vender sea lo suficientemente grande, tengas hambre por vender acompañada por el valor de la humildad te convertirás en un gran vendedor. Recuerda siempre que los valores deben estar por encima de las necesidades, solo así serás saciado, buscarás cada vez más los clientes adecuados y respuestas que están dentro de ti, las cuales te permitirán llegar a donde tú quieras en esta área, no quedarás satisfecho hasta haberlo encontrado. Tendrás la determinación, paciencia, perseverancia, persistencia, necesaria para buscar tus clientes potenciales y desarrollarás todas las habilidades necesarias que te permitirán buscar en todos los rincones posibles hasta encontrar y hacer las ventas necesarias que te permitirán llegar a la cima. Nunca te desilusiones, el que busca siempre encuentra, no te rindas ni desfallezcas por el camino puesto que merece la alegría superar todos los obstáculos necesarios para alcanzar la meta. Sé fuerte y continúa adelante con toda la seguridad de que llegarás a ser el vendedor de sonrisa iluminada que quieres llegar a ser.

Sé Humilde Y Ten Hambre De Vender.

13 JULIO

Cuando quieras comprar algo y te parezca caro hazte la siguiente pregunta: ¿Cuánto tengo que vender para poder comprarlo? No bajes tu sueño a la altura de las circunstancias más bien aumenta tus posibilidades para obtener lo que deseas. Comienza por tus pensamientos estos son los que van a determinar que tus necesidades sean satisfechas o no. Si piensas que no puedes comprarlo, que es muy caro, te entra el miedo, preocupación, inferioridad, ego, ansiedad, creas un tipo de emociones que te llevarán a actuar en consecuencia, con lo que reafirmarás esos pensamientos y atraerás lo peor hacia ti, por lo tanto si piensas como un vendedor mediocre serás un vendedor mediocre. Comienza a pensar en términos de abundancia y prosperidad, piensa cómo puedes aumentar tus ventas para poder obtener lo que desees, tus ventas pueden aumentar solamente cambiando tu forma de pensar, lo que hará que la actitud hacia ellas sean las correctas. Todo lo bueno de la vida es tuyo por derecho de nacimiento, ya te pertenece, pero en ocasiones te limita con tus propios pensamientos creyendo que no eres suficiente y no puedes comprarlo y esto hace que actúes en consecuencia por medio de tu consciencia ilimitada.

Decide Lo Que Quieres Y Concéntrate En Ello.

14 JULIO

Cuando digo que vendas desde el amor puede sonarte muy cursi, pero entiende que el amor no necesita ser expresado con palabras, se puede entender y aceptar sin decir ni una sola palabra. Es un idioma internacional que se entiende por medio del corazón, no por medio de la mente. Siempre hay modos de expresar el amor y de comunicarlo, en este caso te digo que lo hagas a través de tus ventas y actitud hacia tus clientes. Vender es DAR, es un poder, es la magia del amor y puedes darlo de cualquier modo, todo lo que das te lo estás dando a ti mismo. Tu misión como vendedor es servir con amor. Pero recuerda que la venta más importante eres tú. La primera persona a la que tienes que amar es a ti. Tienes que creer profundamente en ti, solamente así podrás reflejar y dar a entender el amor que sientes hacia las personas.

El Amor Todo Lo Vende.

15 JULIO

Que fácil resulta echar las culpas al ambiente, a la situación, a tus condiciones, a tus clientes, a tu empresa..... por todo lo que te pasa. Ya va siendo hora de que dejes de hacerlo y que te des cuenta de que la causa está en ti. Deja de ver el lado negativo de las cosas, toma consciencia de que esa actitud no te está ayudando a la hora de conseguir tus metas y objetivos de ventas. Esta actitud es como un virus que se contagia rápidamente, con lo que conseguirás un cliente y perderás dos. Es una actitud muy negativa que se aprende en el transcurso de la vida por lo tanto no es una habilidad, es un pensamiento que está dentro en tu mente y te lleva a actuar en consecuencia, pero lo bueno es que igual que lo has aprendido se puede desaprender y si quieres llegar lejos debes hacerlo, es como una rueda pinchada no llegarás a ningún lado a menos que la cambies. Busca y encuentra quietud en tu interior, en la venta tienes que sembrar actitudes positivas para que tu labor comercial dé sus mejores frutos. Invierte tiempo y esfuerzo en limpiar tu estado mental, en esa forma de sentir, substitúyela por una mentalidad ganadora que te dará un plus frente a tus competidores.

Los Buenos Vendedores Se Ponen Metas, El Resto Se Ponen Excusas.

16 JULIO

¿Con qué pie te has levantado hoy? Es súper importante la actitud recta y positiva que mantengas hacia todos los sucesos que te están por venir en el día. Según con el pie que decidas levantarte puedes hacer un día de ventas obsoleto o un día fabuloso y constructivo. La diferencia está en tus reacciones a medida que te van sucediendo las cosas. Cuando estás desayunando y resulta que se te rompe la galleta mojándola en el café, salpicando y manchando la camisa que tanto te ha costado de planchar, puedes maldecir a la galleta, o bien decides echarte una risa, aprender que la próxima primero café y después camisa. Cuando acusas a la galleta de tu falta, estás tan ciego que no puedes ver que eres tú mismo el que ha cometido la falta y vas por la vida con resentimiento. En cambio si tu reacción es positiva, verás como el día va transcurriendo con más paz y recibirás cooperación y ventas por todas partes. No malgastes tu tiempo en quejas y justificaciones, intentado probar que estás en lo cierto. Cámbiate la camisa e intenta no cometer la misma falta dos veces.

La Mancha Se Lava Y Del Error Se Aprende.

17 JULIO

Te vas a enfrentar con frecuencia a muchos rechazos, presión por vender y lograr los objetivos, malos gestos o palabras, altibajos en el día a día, muchas energías las cuales te pueden afectar a tu estado de ánimo. Debes aprender a gestionar tus emociones para no permitir caer en un cierto descontrol emocional, ya que esto puede hacerte perder la confianza y aumentar las dudas de que esta profesión no es para ti. Vive siempre en el presente AQUÍ Y AHORA, no importa los sucesos que hayan ocurrido hace unos minutos, debes lograr tu entusiasmo en todas tus visitas, este tiene que ser real, que lo sientas de verdad, no ponerte capas de maquillaje que lo único que van hacer es afearte el rostro. Este control puedes obtenerlo durante el día mediante la respiración o bien cuando llegues a casa haz una recopilación de los sucesos que te han resonado de forma negativa, revívelo y busca en tu interior de dónde procede y qué es lo que tienes que aprender, si sientes ira coge un cojín y sácala hacia fuera, llora, grita, haz que te surja, lo más importante es que no se te quede nada negativo dentro. Descansarás como un niño y amanecerás totalmente renovado preparado para nuevos sucesos que te depare en el día. Es súper importante saber gestionar las emociones porque:

Si Te Sientes Molesto Por Más De Tres Días, La Enfermedad Vendrá.

18 JULIO

¿Conoces algún millonario que critique las ventas? La mayoría de personas no se dan cuenta de lo importante que es vender, los millonarios sí. Nunca encontrarás un millonario que critique las ventas, más bien si eres vendedor y conoces alguno, comprobarás que habitualmente está vendiendo, por lo tanto él te animará a vender más porque sabe que nadie podrá lograr el éxito en la vida sin saber vender. Piensa en esto, la silla en la que te sientas está ahí porque fue una idea en la mente de alguien, el móvil, el coche que conduces, la comida, un boli…. etc. Todo se creó primeramente en la mente de alguien, después se materializó, pero todo eso no serviría de nada si no se vendiera. Ahora piensa en las mejoras que hemos obtenido gracias a todos esos artículos. ¡Eso es la venta!, eso es lo que un millonario entiende y el resto de personas no. La importancia de vender sus productos o servicios, ellos saben que es para un bien común, por eso se sienten en la obligación de venderlo y con ello crear abundancia no solo para su vida, también para la vida de quien lo compra.

Si Criticas Las Ventas, Vas Por Mal Camino.

19 JULIO

Cuando obtengas resultados positivos en tus ventas ¡cuéntalos! No importa que te critiquen, envidien, hablen, no importa nada de eso, simplemente hazlo con humildad para demostrar a tu entorno que se puede lograr, contagia esa alergia y sé ejemplo para todo aquel que está en el camino. Sé un guía para los demás vendedores, un vendedor sin éxito no puede guiar a otro vendedor hacia el buen camino. Al contrario de lo que nos han enseñado que es a esconder nuestros éxitos, no decir nada por las envidias, todo esto proviene del miedo y no puede ser sano. Se trata de tener seguridad en ti saber que nada externo a ti puede hacerte daño a menos que tú lo permitas. No te digo que vayas por ahí fanfarroneando de tus éxitos, no se trata de eso, te digo que ayudes a través de tus éxitos a crear un ambiente positivo y transmitir a todo el que puedas que ¡SÍ SE PUEDE! Que si tú lo has conseguido ellos cambien pueden.

¡Sí Se Puede Vender Más!

20 JULIO

Repítete cada noche y cada mañana quien tú eres. ¿Qué clase de vendedor te gustaría ser? Repítete cómo te gustaría ser como si ya fuera real y a continuación sal a vender con la seguridad y confianza de que ya eres así. No permitas que nadie te defina, defínete tú, trabaja cada día en tu autenticidad, define tu imagen. ¿Qué imagen estás proyectando? Tú puedes dar al mundo la imagen que tú quieras, solo tienes que permitirte trabajar en ella, no importa lo que te dijeron en el pasado, ni lo que la sociedad te dice que tienes que ser. Importa lo que tú quieres y lo que has venido a ser: UN VENDEDOR DE ÉXITO; por lo tanto si eso es lo que quieres conviértete en ello. No quieras seguir toda la vida siendo lo que te dijeron cuando eras niño, en ese momento estabas experimentando y aprendiendo lo que te decían. Pero ahora es el momento de madurar, crecer y expandirte hacia lo que tú quieras ser, no tienes por qué seguir siendo el niño que eras, nada es demasiado grande para ti, nada es demasiado maravilloso, nada es imposible si tú te das el permiso para realizarte, dite:

Me Doy Permiso Para Realizarme Como Vendedor Exitoso.

21 JULIO

Los vendedores que llegan a lo más alto en sus ventas es porque deciden tener éxito. Si quieres lograr tener más ventas tienes que primero decidirlo, puedes comenzar por escribirlo en un papel, divídelo en pequeños pasos y a continuación toma acción, es decir, sal a vender todos los días como si fuera el primer día en el que comenzaste vender, mantén siempre la misma ilusión, la misma energía, las mismas ganas, aunque ya hayas obtenido los resultados esperados, continúa, márcate objetivos cada vez más grandes y no te conformes con menos de lo que puedes llegar a ser, vender y contribuir en esta vida. Busca y encontrarás en todo momento las ventas necesarias para continuar creciendo. Pero tienes que ser consciente plenamente de que para ello tienes que trabajar duro, siempre hay un precio a pagar por cada venta que quieras realizar. Nadie te va a regalar nada, dedícate a vender como nadie y cuando menos te lo esperes los pedidos te llegarán como regalos. Da eternas gracias por todas y cada una de las ventas que realices en este día.

Ser Vendedor Ya Es Un Regalo ¡Disfrútalo!

22 JULIO

¿Cuántas veces te juntas con vendedores que te dicen que la cosa está muy mal? Sepárate de ellos, comienza a crear tu grupo de vendedores comprometidos, observa cómo la mayoría de vendedores no son personas verdaderamente comprometidas. Sus niveles de energía suelen ser muy bajos, esto es algo que se contagia como un virus y lo único que te puede hacer es convencerte para que bajes tus sueños a su altura. No tienes que permitir esto, tus objetivos y sueños de vendedor tienen que estar por encima de todo, filtra a las personas con las que te juntes. Sabrás si están comprometidas por sus resultados, mira sus vidas y sus ventas, ¿cómo están? Crea un grupo donde puedas compartir éxitos, técnicas de ventas, anécdotas, lecturas, impulsaros los unos los otros a vender con valores, ayudaros entre vosotros, ayudar a las personas con vuestros productos, compartir sinergias entre vosotros. Si haces esto jamás te volverás a sentir solo, estarás acompañado de vendedores que piensan como tú.

La Cosa Va MaL
La Cosa Va Más Y Mejor.

23 JULIO

Asegúrate de que todo lo que vendes es por y en beneficio de todos los implicados. Cuando vendes desde el servicio a tus semejantes y les sirves a ellos, el YO queda olvidado, pero en realidad te estás sirviendo a ti porque todos somos uno, no hay separación, no hay dualidad, por lo que en la misma medida que tú das recibes. No puedes separar a uno del otro, YO EN TI TU EN MÍ. Los problemas vienen cuando nos creemos en separación de los demás sin darnos cuenta de que tu vecino, tu amigo, tu primo, el cliente de Madrid, el de Sevilla, Barcelona, tu compañero, tu enemigo, todos somos por igual, por ese motivo debes llenar tu corazón y vender desde el amor. No es fácil de entender, lo único que tienes que hacer es buscar siempre eso que está en lo más profundo de ti y no perder más tiempo buscando la venta ideal desde el exterior. Ten en cuenta que vendas a quien le vendas estás haciendo un bien común, estás ayudando al beneficio de la empresa, tuyo, el de tu cliente, el compañero que está en la oficina, en fábrica, el proveedor que te suministra el material......
¿Entiendes ahora por qué no hay separación?

Un Vendedor Es Feliz Cuando Entiende Que Sus Ventas Son En Beneficio De Todos.

24 JULIO

¿Cuántas veces al día miras el móvil? Una de las herramientas básicas de un vendedor es el móvil. Solamente por un día te invito a que permanezcas pendiente de la forma en la que utilizas esta herramienta. El tiempo y el móvil son dos cosas que si no aprendemos a manejar no siempre pueden jugar a nuestro favor. En el móvil aparte de nuestros contactos, llamadas, correos, agenda.... etc., tenemos muchas aplicaciones personales que nos pueden distraer fácilmente. Una vez distraído, nuestro cerebro tarda más tiempo del que nos gustaría en volver a centrarse. Debes aprender a mantener el foco y la concentración en tu objetivo para conseguir la mayor efectividad. Asegúrate de no distraerte demasiado durante tu jornada de ventas mirando WhatsApp, internet, videos, correos...etc., o acabarás atrapado en los asuntos de otros, además de gastar tiempo y energía en ello.

Vende Más Allá De Tu Smartphone.

25 JULIO

Para saber a dónde vas, primero has de saber dónde te encuentras, donde te diriges y qué es lo que quieres lograr. Pero sobre todo no abandones esta incertidumbre hasta que la veas hecha una realidad. ¿Has planificado tu día? Recuerda que tienes que ser persistente, disciplinado y esforzarte mucho. No puedes tener resultados diferentes si tus hábitos no son los adecuados. Mantén la visión delante de ti y mantén tu compromiso con tus hábitos diarios, aquellos que te ayudan a mantenerte firme aunque el camino se vuelva difícil. Dios envía las más duras batallas a sus mayores guerreros, por lo que cuando se te presente una situación complicada sé consciente de que únicamente son retos que debes atravesar, ten la seguridad de que esos retos abrirán las puertas a nuevas oportunidades, contra más rápido lo atravieses menor resistencia y resentimiento posibles tengas, antes aprenderás de las lecciones importantes y necesarias que traen consigo esos retos.

Son Los Buenos Hábitos Los Que Te Conducen Al Éxito.

26 JULIO

Debes aprender a ser perseverante, inicialmente practica contigo dicha perseverancia y a continuación podrás transmitirla a tus clientes. No confundas la perseverancia con presión. Persigue siempre tus objetivos, sé decidido, termina siempre lo que empieces, esto te ayuda a mantener la confianza en ti, piensan que como vendes una cosa las vendes todas, por lo tanto nunca lograrás nada a menos que termines los proyectos, metas y objetivos de ventas que te pongas. Si llegas tarde a una entrevista de trabajo, ¿cómo crees que llegarás a las citas con tus clientes? Mantente enfocado en tus objetivos, trabaja con constancia, optimismo, fe. No puedes mostrarte debilucho en esta vida. Las ventas requiere de esa fuerza y conocimiento tanto interno como externo para que nadie pueda romper ni perturbar tus sueños de llegar a tus objetivos y metas. Mantén el control para terminar con broche de oro todo lo que empieces, eleva tu autoestima, fuerza, confianza y seguridad que reside en ti.

La Diferencia Entre El Vendedor Que Eres Y El Que Quieres Ser Está En Lo Que Haces.

27 JULIO

El objetivo de un vendedor de sonrisa iluminada debe de ser siempre el de servir, ayudar y facilitar la vida a sus clientes. Ser un vendedor íntegro, honesto y con valores está al alcance de todos, pero no todos están dispuestos a ello, porque para ello tienes que ser un apasionado de esta profesión y amar las ventas. No te limites a vender por vender, ganar una comisión o porque es lo que hay. De ti depende incorporar estos principios a tus ventas para que se hagan realidad o no. No hables de vender desde el amor, vívelo para que todos puedan ver lo que significa. Las palabras sin actos son vacías e inútiles. Tienes que saber muy bien la clase de vendedor que quieres ser y lo que quieres lograr, las ventas no vienen de la noche a la mañana, es un trabajo continuo, riguroso, consistente y prolongado. ¿Puedes darte cuenta de que siempre tienes libre albedrío, y que todo es responsabilidad tuya? Si decides vender con valores nunca tendrás que vender nada, porque lo harás con tanto amor que los clientes te buscarán, serán ellos los que vengan a ti, confiarán en ti, en tus conocimientos y productos, sin que tengas que perseguirlos, presionarlos o engañarlos.

Sé Inspiración En Lo Que Vendas, Pienses, Digas o Hagas.

28 JULIO

¿Qué tipo de hábitos tienes? Revisa y trabaja honestamente en ellos, observa si estos te ayudan a dar grandes pasos hacia unas ventas y vida más productiva o por el contrario no te están beneficiando. Dentro de ti se encuentra la respuesta, pero tienes que ser muy honesto y coherente contigo mismo. La mayoría de vendedores no llegan a sus objetivos por sus malos hábitos y lo peor de todo es que no se dan cuenta o no quieren asumirlo, no quieren entender que el caos y la confusión la crean ellos. Para estar en equilibrio con tus ventas es importante que estés en coherencia contigo y para ello debes crear buenos hábitos, esos con los que conseguirás dar más credibilidad no solo a tus clientes, sino también a ti mismo. Es importante que lo que piensas sobre las ventas, lo que dices a tus clientes, como lo dices y lo que haces "los hábitos que tienes" han de estar en armonía. Date cuenta de la importancia que tiene una actitud recta ante todo lo que hagas, solo así conseguirás llevar tu mensaje a la mente de tu interlocutor positivamente.

Los Buenos Hábitos Son Los Que Te Mantienen Fiel Hacia Tus Objetivos.

29 JULIO

Acoge con gratitud esa soledad por la que habitualmente pasa un vendedor, ya que es una oportunidad que te llevará a conocer tu propósito de ventas. Necesitas esa soledad para calmar tu mente, ten en cuenta que puedes hacer mucho más de una forma callada, confiada y en soledad, que en un estado mental perturbado y físicamente mal acompañado. Cuando eres incapaz de mantenerte en soledad y concentrarte en tu trabajo, eso indica que en tu interior existe mucho ruido, quizás tengas dentro una orquesta, pero probablemente todos los instrumentos de la misma estén desafinados, lo que dará lugar a que hagas las cosas a medias y no de la mejor manera posible. No pierdas tiempo con personas que no te aporten cosas positivas para tus ventas, ni te enredes en pensamientos negativos, mantén aun lado esa indecisión que en ocasiones te perturba. Tómate tu tiempo para averiguar qué es lo que tus clientes y ventas esperan de ti, pero lo más importante: ¿Qué es lo que esperas tú de ti y de tus resultados de ventas? Recuerda quién eres, ve a por ello sin detenerte por el temor a la soledad ni pensamientos impuros.

Las Soledad Enseña Más Que La Compañía De Cualquier Vendedor.

30 JULIO

Un vendedor debe ser como un médico que escucha primero a su paciente y luego le da la receta del medicamento que debe tomar. Debes tener en cuenta la importancia de saber escuchar, deja a tu cliente hablar y escucha cómo él mismo te abrirá el camino a la venta, te irá guiando con sus palabras, solo debes estar atento. No te apresures en darle la respuesta, ni te adelantes a querer hablar antes de escuchar. Déjalo que hable, observa cómo se mueven, crea la confianza para a continuación proceder a hacerle las preguntas necesarias, las cuales te llevarán a entender sus más íntimas necesidades de compra. La habilidad que tengas de escuchar y hacer buenas preguntas está en ti y de ti depende que sepas aprovecharla. La Luz de una habitación está ahí para ser utilizada, pero si tú no le das al interruptor la luz no se encenderá, de este pequeño gesto va a depender que se ilumine esa habitación o se mantenga oscura aunque haya electricidad. Así mismo ocurrirá contigo, tú decides si quieres encender tu bombilla escuchando y haciendo las preguntas necesarias hasta iluminarte, lo que te llevará a entender la necesidad de tu cliente con más claridad y así lograr cerrar la venta.

Antes De Hablar Y Suponer, Prueba De Escuchar Y Preguntar.

31 JULIO

¿Te ocupas o te preocupas? Es tiempo de construir, de crear ventas, crecer, ayudar, amar, aportar valor, llenar tu agenda de llamadas por hacer, clientes por visitar, productos por vender…… mantén una agenda llena de vida, haz que todo se mueva. Mantenerte ocupado y en movimiento es lo que te mantendrá en línea con tus objetivos de ventas mientras que disfrutas del proceso con una actitud positiva y creativa. Es muy importante que anotes todo en tu agenda, esto te permitirá disfrutar del proceso sin preocupaciones de lo que tienes que hacer después. La memoria está más cerca de un lápiz pequeño, que de una cabeza grande. Esto te permitirá avanzar en armonía con las ideas claras a medida que vayas cumpliendo las tareas gradualmente. Date cuenta que mantenerte ocupado puede hacerte sentir realizado mientras no permitas que la preocupación y el estrés comiencen a formar parte del juego. No hay nada contra lo que luchar tan solo anotar y vivir las ventas, AQUÍ Y AHORA.

Más vale Un Lápiz Corto Que Una Memoria Grande.

AGOSTO

1 AGOSTO

Cuando tienes una divina obsesión por tus ventas y te enfocas en dar lo mejor a las personas y al mundo hasta los días festivos son productivos.

Cuando todo el mundo está deseando tomarse unas vacaciones para descansar, sus vidas es algo como trabajar todo el año para ir un mes de vacaciones, tirar la toalla, tomar el sol y olvidarse durante una temporada de su profesión, clientes, productos.

Puedes retirarte en soledad y tomarte este tiempo, tumbarte a disfrutar del mar, pero si realmente amas tu negocio, buscas la gracia en cualquier lado es decir haces algo para que este tiempo sea productivo.

Vende mientras estés de vacaciones, quizás conozcas personas a las que puedas ayudar en el chiringuito de la playa, elabora planes para mejorar tus ventas, márcate nuevos objetivos, recupera esos proyectos que habías dejado pendientes, aprende algo nuevo, lee algún libro de ventas, no importa si estás en alguna playa del Caribe, pues la mente puede estar más relajada y esto te permitirá imaginar nuevos horizontes. El camino al éxito es extraño, pero cuando estás caminando hacia tus sueños, en todos los lugares del camino encuentras oportunidades para hacerlos realidad.

Se Vende En Vacaciones.

2 AGOSTO

Tus ventas son lo que tú quieras hacer de ellas. Si eres una persona negativa, sientes que todo te pasa a ti, que todo es injusto….. estás vendiendo en modo víctima. Tienes que entender que lo que piensas es lo que atraes, por lo que de este modo estás atrayendo esta negatividad hacia ti. Hay vendedores que crean sus propias tempestades y después se ponen tristes cuando llueve. Por el contrario si vives tus ventas de una manera positiva, viendo lo bueno en todas las personas y sucesos que van ocurriendo a lo largo de los días, un sol brillante iluminará tu camino. Llena tus ventas de amor, alegría, felicidad, pensamientos constructivos, aprende de todo lo que se te presenta y ama, porque cuando amas estás dando de lo más hondo de ti, suena cursi, pero debes entender que de ahí solo pueden brotar buenas intenciones y por añadidura es lo que recibirás.

Tus Ventas Serán Lo Que Tú Quieras Hacer Con Ellas.

3 AGOSTO

¿Cómo explicarle a la conciencia que todos los resultados de tu vida y de tus ventas, dependen de ti? ¿Cómo explicarle a tu corazón que debe acompañarte para vender? Todo lo que ocurre en tu vida es un reflejo de lo que piensas, por consecuencia lo mismo ocurre con tus ventas. Tus pensamientos tienen un inmenso poder mucho más de lo que pareces darte cuenta, por eso debes eliminar todos los pensamientos negativos y comenzar por tener pensamientos de amor, positivos y creativos. Mira siempre el lado bueno de tus ventas porque contra más cosas positivas encuentres más feliz y mejores resultados atraerás hacia ti. Mira a tus clientes más allá de la comisión que vayas a recibir por vender, ofrécele tu ayuda desde el amor, pues verás cómo todo el mundo responde al amor. Cuando un cliente sienta que tus intenciones son puras y genuinas te comprará. Puede ocurrir que quizás en ese momento no necesita comprar, pero siempre se acordará de cómo le hiciste sentir y en el momento que te necesite, volverá a ti.

Los Resultados De Tu Vida Y Tus Ventas Dependen De La Calidad De Tus Pensamientos.

4 AGOSTO

¿Te ha ocurrido alguna vez que aquello que más temes termina pasando? Aquel cliente que no querías perder y terminaste perdiendo, aquella visita que querías que saliera perfecta y fue un desastre, aquel producto que querías que llegará perfecto y llego mal y tarde.... eso que más temes es justamente lo que atraerás. Cuando piensas en algo que no quieres que ocurra, estás activando un tipo de energía y por vibración eso mismo es lo que terminas atrayendo a tu vida. Es como cuando una persona le teme a un perro, parece que el perro lo huele y contra más miedo le tiene más se acerca a él, no es que el perro lo haga aposta, lo que ocurre es que los animales son muy sensibles a las energías y emociones con lo que estás activando una energía que hace que lo estés atrayendo más a ti. Lo mismo ocurre con las plantas dependiendo del lugar donde las pongas, puede que se marchiten enseguida, estas son muy sensibles y depende del tipo de energía que haya en el lugar donde esté ubicada la planta vivirá o se marchitará. El pensamiento y las emociones son energía pura, por lo tanto mantén ante ti siempre pensamientos de prosperidad, vive el momento presente y no te adelantes con tus pensamientos a los acontecimientos.

Cuantas Ventas Perdemos Por Miedo A Perder.

5 AGOSTO

Asesora a tus clientes, las personas que te rodean te tienen que importar más que tus comisiones, para ello es importante que les transmitas confianza y entiendan que estás ahí para ayudarlos y comprenderlos. Haz lo que hacen muy pocos vendedores, deja de pensar en ti y comienza en pensar cómo puedes ayudarlos a ellos. Comienza por dejar de vender de una manera tradicional, repitiendo el típico discurso una y otra vez ya que esto conlleva a que el cerebro del cliente se cierre porque entiende que lo que quieres es venderle. A las personas no nos gusta que nos vendan, nos gusta comprar, nos gusta creer que somos nosotros los que tomamos las decisiones, no permitas que cierta resistencia arruine tu venta, más bien encuentra libertad para hacer preguntas y entender que es lo que realmente necesita tu cliente. Es un plan maravilloso donde tienes tu propio papel, por eso es importante que averigües cuál es y comiences a desempeñarlo con naturalidad. Esfuérzate por conocer a tu cliente, crear confianza, conversar sin pedir nada a cambio, emocionar, escuchar con oídos que de verdad oyen, preguntar, solucionar problemas con amor y comprensión.

Tus Clientes Pueden Ser Distintos, Pero Tú No Tienes Por Qué Ser Distante.

6 AGOSTO

Es de bien nacido ser agradecido. Hay muchísimas cosas por las que dar las gracias todos los días, nada más abrir tus ojos por la mañana mira a tu alrededor, ¿tienes un techo, una cama, manta, agua, estás vivo? Considera cuan bendecido eres solo por el hecho de poder disfrutar de todas estas cosas. La gratitud tiene tanto poder que si la aplicas a diario tanto tu vida como en tus ventas asumirán un sentido nuevo, tus clientes te importarán más y comenzarás a entenderlos y tolerarlos mejor, te descubrirás agradecida por su colaboración contigo, por confiar en ti, por su compañía, por ser simplemente quienes son. Dar las gracias es la manifestación de fe más grande que existe por este motivo es una de las cosas que más nos enseñan desde que somos pequeños. Agradecer por adelantado y desde el amor es una de las claves para el éxito. Pero has de dar las gracias con sinceridad porque no es lo mismo ser educado que ser agradecido sin esperar nada a cambio. Si consigues verlo de este modo mostrarás aprecio hacia todo y podrás ver manifestado con certeza lo que deseas, la vida será tan buena contigo a medida que te muestres agradecido.

Gracias Por Pensar,

Gracias Por Vender,

Gracias Por Amar.

7 AGOSTO

Mantén tus pensamientos y tus conversaciones, en modo positivo y creativo, sé consciente en todo momento del gran poder que tienen, mucho más del que te imaginas, pues los pensamientos y palabras son poder. ¿Recuerdas lo que pensabas hace diez años, qué tipo de pensamiento y palabras tenías sobre las ventas? Elimina todos los pensamientos negativos que tengas sobre las ventas, clientes, empresa, competencia.... mira siempre el lado positivo de las cosas, porque contra más positivo seas más cosas buenas atraerás hacia ti. Ama a tus clientes pues verás que todo el mundo responde al amor. Los niños y los animales son puro amor porque son almas puras no tienen corazas, no sospechan ni piensan mal de nadie, nacen libres, pero con el paso del tiempo se van contaminando por la educación, situaciones y acontecimientos de la vida, hasta que llegan a adultos y comienzan a imaginar que detrás de cada acto debe de haber detrás algún otro motivo y si es cierto que en lo que a ventas ser refiere, detrás de cada vendedor existe un motivo que es vender, pero cuando la venta es sincera, es decir, en beneficio de todos, sabes que son motivos puros y genuinos, permites que el amor fluya y todas las corazas y motivos impropios desaparecen.

El Amor Es La Clave De La Vida Y De Las Ventas.

8 AGOSTO

Una de las cosas que más nos gustan a los vendedores son las relaciones humanas, relacionarnos con todo tipo de personas, hablar con los clientes sobre él mismo, sobre sus dudas, sus problemas, necesidades, oportunidades…. alaba a tus clientes y personas que se acerquen a ti. Haz que se sientan valorados, mira a las personas como lo que son poderosas. Dentro de cada uno de nosotros reside un potencial infinito, del cual nos han desprogramado, no somos conscientes de la grandeza y poder que reside en nosotros. Permite que por lo menos cuando estén contigo se sientan valorados, puedes alabarlos por sus hijos, por sus logros, por su coche, por su puntualidad, por recibirte, por su amabilidad, por cómo se ve hoy, si admiras algo de él, ¡díselo! Cultivemos el hábito de levantarnos los unos a los otros. Las alabanzas y las aprobaciones tienen un tremendo efecto positivo para generar confianza y elevar la autoestima, es muy importante y necesario en la época en la que vivimos como tú ves a los demás porque ellos son un reflejo de lo que tú eres.

Yo Soy Como Tú Me Miras.

Yo Creo En Ti.

9 AGOSTO

Cuando de repente te acuerdes de un cliente, te venga a la mente alguna persona a la que debes llamar, alguien que sientas que debes visitar…. ¡hazlo! Aprende a actuar espontáneamente, no dejes para mañana lo que tu instinto te dice que hagas hoy. No negocies con tu mente si es razonable o no. Debemos aprender a escuchar a nuestro corazón y menos a nuestra mente, porque este es el que nos guiara hacia el buen camino. Aunque parezca una locura, no importa, cuando sientas una llamada a actuar, hazlo y no te detengas a pensarlo ni siquiera para preguntarte por qué lo estás haciendo. Quizás ese acto en ese momento no tenga ningún efecto, pero tal vez te sorprenda a largo plazo. No pierdas tiempo pensando en los resultados, ni te desesperes porque no era lo que esperabas. Simplemente actúa y después suéltalo, ni siquiera lo pienses más. Tan solo haz lo que debes hacer, siempre que esto no implique de forma negativa a nadie.

"Vendiste"

Atte.: Tu Intuición

10 AGOSTO

No fuerces las situaciones de ventas, aprende a soltar a tus clientes, competencia, sucesos, personas.... deja de forzar la situación. Cuando una puerta se cierra a continuación se abre otra y es probable que la que se abre pueda contener al otro lado muchas maravillas, lo que ocurre es que tu aún ni siquiera sabes que están ahí esperando ser descubiertas por ti. No te deprimas cuando veas que un cliente no te quiere comprar, se marcha a la competencia, no te recibe... aprende a ser perseverante, pero sin apegarte a los resultados cuando pierdes un cliente o te aferras a que te compre este es un proceso que puede resultar doloroso porque estás dejando todo tu poder y confianza en ellos. Tan solo has de confiar y saber que todo pasa por algo, pero sin dejar de trabajar en la realización de tus objetivos, tener claro que si no es por una vía será por otra, pero cada experiencia te trae consigo un aprendizaje, aprende a crecer con él y busca la razón que hay detrás de esa situación e intenta no volver a cometer la misma falta dos veces. En ocasiones soltar no es necesariamente un adiós, sino más bien un gracias por todo lo aprendido. Tu actitud ante las ventas es muy importante, por eso date cuenta que tus ventas son lo que tú haces de ellas.

Un Final Puede Ser El Principio De Una Nueva Venta

11 AGOSTO

Comienza tus visitas sintonizándote con tu mayor bien. Lo primero que ve el cliente de ti es a ti. Tu imagen es tu carta de presentación y la de tu empresa. Asegúrate de dar la imagen que tú quieras dar, no hay segundas oportunidades para dar una buena imagen, después haz que esta te acompañe a lo largo del día. Conviértete en el vendedor que te gustaría ser desde primera hora del día, fluye libremente en ti y a través de ti comienza a vender a todas las personas con las que entres en contacto. Aférrate a esa imagen física y mental que quieres ser y no permitas que nadie te diga lo que eres o lo que tienes que ser. Cuando puedas hacerlo todas las imperfecciones que creías tener serán eliminadas y conseguirás convertirte en la clase de vendedor que has venido a ser. Cada uno de tus actos y pensamientos deben estar guiados y dirigido por lo que tú quieres ser. Debes saber que a medida que lo vayas haciendo, esta imagen mental irá formando parte de ti, creando una nueva identidad donde la confusión, el caos por lo que te venían diciendo que eras saldrá volando por la ventana.

¡Es Hora De Vender Con Luz Propia!

12 AGOSTO

Tus clientes se merecen la excelencia, debes comprometerte con ello. Haz que tu nivel sea alto, muy alto, cuanto más alto mejor. No seas un vendedor chapuzas, descuidado, simple, cómodo…. tu meta siempre tiene que estar en la perfección. Haz de tu trabajo un compromiso contigo mismo, aunque en ocasiones te parezca difícil, continúa haciendo lo mejor posible, dando siempre lo mejor de ti. No te conformes con menos de lo que has venido a vender, ni te quedes satisfecho con nada que sea mediocre. Termina haciendo lo que empezaste, aunque esto suponga un sacrificio, te aseguro que la recompensa será mucho mayor, no solo a nivel material sino también a nivel interno, será tal el beneficio y la seguridad que te aportará, que pronto comprenderás que como vendas una cosa así terminas vendiendo todas. Siempre hay dos niveles en los que puedes dar, desde lo más bajo, hasta lo más alto. De ti depende dónde te quieras posicionar, pero recuerdas que en la misma medida que tu des, recibirás.

Practica El Arte De Vender A Nivel Excelencia.

13 AGOSTO

Visualiza tus ventas, visualízate como vendedor exitoso, visualiza como cierras una de las ventas más exitosa de tu carrera, visualízate como un auténtico profesional de las ventas. Créetelo, ya lo eres, siéntelo haz que esa emoción brote desde lo más profundo de tu ser. Cada vez que vayas a entrar a un cliente, cada noche antes de irte a dormir, cada mañana nada más abrir tus ojos, mientras vas conduciendo…. esto hará que actives en tu interior un mecanismo el cual hará que todo tu ser actúe a tu favor convirtiéndote en el vendedor que estás destinado a ser. La visualización es una de las herramientas más poderosas que puede tener un vendedor, tú puedes mejorar tus ventas con la capacidad de tu mente e imaginación, utilizando su poder para que este actúe a tu favor. Es muy importante que tú controles lo que quieres manifestar en tu vida y en tus ventas. Si tú no lo haces, alguien lo hará por ti. Y si tú no te conviertes en ese vendedor, alguien lo hará y venderá por ti.

Si Tú No Vendes, Alguien Venderá Por Ti.

14 AGOSTO

Regálate un momento para ti, medita. ¿Cuántas horas le dedicas al día para calmar tu mente, estar en quietud, hacerte consciente de lo maravilloso que es estar en silencio? En el silencio, puedes vivir el momento presente, volverte más sensible a las cosas que de verdad son importantes, conectar con tu interior y abrirte a descubrir un mundo que permanece dentro de ti, que ni siquiera sabes que existe. El oficio del vendedor suele ser muy ruidoso, a menudo estamos hablando, escuchando, pasando por toda clase de sucesos y personas, un movimiento de energías constantes las cuales pueden afectarnos a nuestro estado emocional diario. Debes buscar y encontrar momentos de paz, tanto mental como emocional, no hay mejor forma de hacerlo que a través de la meditación. Aunque seas una persona muy ocupada, pues no es necesario que le dediques mucho tiempo, si tienes una venta importante, tómate un tiempo para meditarla en lugar de precipitarte. Cuando tu actitud y enfoque son correctos, tan solo puede brotar lo mejor de ellos.

Meditar Es Regalarte Un Momento Para Ti.

15 AGOSTO

No intentes convencer a nadie, convéncete a ti mismo de que eres un gran vendedor y de que tus productos y servicios son los mejores. Aprende a vender de tal modo que los clientes se acerquen a ti para preguntarte qué es lo que tú tienes y ellos no. Puedes vender mucho más mediante el ejemplo, eso tendrá mucho más efecto sobre la humanidad que si intentas convencer mediante tus palabras, tienes que ser íntegro y vivir de lo que predicas. Continúa vendiendo sabiendo que es lo mejor para ti, no intentes agradar a todo el mundo porque cada persona a la que te acercas está viviendo en su propio mundo. Enfócate en ti y en lo que a ti te aporta tus productos, a continuación véndelo sabiendo y demostrando con toda seguridad que a ti te ha funcionado, esto te permitirá vender desde el amor primero hacia ti y a continuación hacia los demás.

Todos Vivimos Bajo El Mismo Cielo, Pero No Todos Vemos El Mismo Horizonte.

16 AGOSTO

Todo comienza en ti, todos los resultados que quieras para tu vida y tus ventas dependen de ti.

¿Quieres hacer algo para aportar valor al mundo en el área de las ventas? Primero debes empezar por ti, tú debes ser un ejemplo para la comunidad de las ventas, para ello debes comenzar por obtener todos los resultados que te gustaría tener, pero sobre todo el resultado debe de ser contigo mismo, es decir, un resultado que te haga sentir un bienestar absoluto porque no sirve de nada tener éxito profesional, si en el resto de áreas, como la salud y el amor estás mal. No es un asunto fácil y si todavía no lo tienes debes desaprender todo lo que venías haciendo y volver a aprender, por el camino encontrarás confusión, casos los cuales no quieres recordar ni volver a sentir, pero debes ser valiente para reconocer y aprender. Descubrirás que eres más crítico de lo que pensabas y te costará eliminar este comportamiento, observarás que tus quejas son más habituales de las que debieran, te darás cuenta que no siempre aportas lo mejor de ti a tus clientes, que discriminas más de lo que debieras… comienza por poner las cartas boca arriba sobre la mesa y ten la determinación de hacer algo al respecto, comienza desde ya.

Todo Comienza Y Termina En TI.

17 AGOSTO

¿En qué lado de las ventas quieres posicionarte? Puedes decidir mantenerte en el caos y la confusión, donde no quieres reconocer, sumarte, ni ver los avances y aprendizajes que sostienes esta nueva era tecnológica o bien hacer de ella parte de la respuesta y aprovechar todas estas herramientas para vender y solucionar los problemas de este mundo.

De una misma fuente no pueden salir dos aguas, es decir, o te bañas en agua dulce o en agua amarga, lo que quiere decir que trabajas a favor de la luz o en contra. Tienes libre albedrío, tú decides si quieres vender desde el amor y servicio o quieres intoxicar el área de las ventas. Si lo que quieres es vender con integridad tienes que aprovechar todos los nuevos conocimientos y recursos que están abriendo nuevos caminos en el área de las ventas, todos ellos han de ser utilizados a favor para obtener el máximo beneficio. Implicarse al 100% es decir vender desde el amor, respeto, humildad, integridad, valores….. pagar el precio que se necesario y solo cuando lo das todo lo recibirás todo.

No Naciste Ni Buen Ni Mal Vendedor, Naciste Con Libre Albedrío Para Escoger Lo Mejor.

18 AGOSTO

Tienes que ser un especialista de lo que vendes, tus clientes te tienen que ver como un asesor, no como un vendedor. A los clientes les gusta que los asesores, pero se sienten mejor si la decisión de compra la tienen ellos. Aprende a pensar y sentir por ellos, asesora a tus clientes y haz que sientan cómodos que sepan que estás ahí para ayudarlos en lo que necesiten, hazles saber que incluso después de comprar estarás ahí. Vende y trabaja con ellos como te gustaría que lo hicieran contigo. Atiéndelos desde el amor y comprensión. Ponte en la situación, cuando vas algún lugar y no te atienden bien, te ponen malas caras, les preguntas por algún producto no saben responderte y ni siquiera lo intentan, no se menean del sitio para acompañarte a buscar lo que necesitas.... ¿volverías a ese lugar? Si por el contrario vas a un sitio donde te atienden bien, se preocupan por ti, te acompañan hasta encontrar el producto que buscas, se interesan en saber la función que le vas a dar para ver si te pueden asesorar mejor.... no solo volverás, sino que además asesorarás a tus conocidos para cuando necesiten algo acudan allí.

Conviértete En Un Vendedor Asesor.

19 AGOSTO

Si quieres obtener resultados diferentes, tienes que hacer las cosas diferentes. Aplica la ley de causa y efecto que dice que todo efecto tiene una causa, esto te lleva a comprender que si quieres cosas, vender más, debes salir de la zona de confort, buscar, hacer, aprender, visitar, llamar, crear situaciones nuevas que te llevarán a obtener resultados diferentes. Es más fácil decirlo que hacerlo, pero hasta que no lo hagas y lo vivas continuarás obteniendo siempre los mismos resultados de ventas. Los vendedores exitosos son personas que actúan a un nivel superior de energía, poseen una capacidad de hacer, probar, actuar, resolver problemas muy diferente a las de un vendedor corriente. Date cuenta que cuando tú haces un esfuerzo extra, cuando aportas más de lo que recibes, cuando sales de tu zona de confort y lo haces por un bien común, estás dando y activando la ley del dar para recibir, lo que permitiría que tus ventas crezcan a medida que tu creces.

Todos Tus Éxitos De Ventas Están Fuera De La Zona De Confort.

20 AGOSTO

Pide y se te dará, haz tu pedido de ventas al universo. Tienes que aprender el lenguaje universal, es decir, cómo hablarle al universo para que entienda tu pedido. Al universo no puedes engañarlo, es muy sensible, tiene capacidad de ver lo que hay detrás de nuestras palabras y emociones, por este motivo cuando vayas a pedir debes sentir, ser coherente y claro con lo que pides porque todos los pedido son escuchaos y concedidos, pero si no te llega o te llega a medias, puede ser que no estés siendo coherente, para ello es muy importante la intención que tengas sobre lo que pidas, es decir, hazte consciente de si tu pedido procede desde el ego "es egoísta" o es de corazón. Pide siempre desde el corazón y si en el momento que lo haces sientes alguna emoción negativa, revisa en tu interior porque eso es un aviso del subconsciente de que vas por el mal camino.

Llama Y Te Responderán….

Pide Y Se Te Dará…

Busca Y Encontrarás….

21 AGOSTO

¿Cuál es tu Don o talento específico? Se te dan bien las ventas, comunicar, relaciones humanas, empatizar, escuchar, atender…. los dones que se te han dado son para ponerlos al servicio de la humanidad, compártelos y deja de esconderlos. Quizás pienses que no tienes muchos dones o talentos o que con los pocos que tienes poco puedes dar o ayudar. Esto no es cierto, tú tienes algo propio y único que dar, algo que nadie podrá dar en tu lugar, y ese algo que tú tienes es necesario para el conjunto. De ti depende averiguar de qué se trata para compartirlo y enseñarlo. Es como un puzle y cada uno de nosotros es una pieza que encaja perfectamente en el rompecabezas de la vida. Por lo tanto si lo que te gusta es la venta, tienes mucho que ofrecer en esta área, date cuenta de todo lo que puedes aportar, aprovecha al máximo todos tus talentos, ayuda a cuantas más personas mejor y te volverás un vendedor exitoso, admirado y querido por todo aquel que se acerque a ti.

Ser Vendedor Es Un Don, Lo Que Tú Hagas Con Él Es El Regalo Que Tú Aportas Al Mundo.

22 AGOSTO

Si encuentras difícil vender, si piensas que esta profesión no es para ti, no intentes forzarte en hacerlo. Muchas personas están en esta profesión por el mero interés, porque les va a dar algo para comer, piensan que es una profesión fácil o que es lo único que hay. Por favor te pido que no hagas esto, muchas personas desprestigian la profesión al actuar de este modo hasta que se dan cuenta de lo que realmente conlleva. Ser vendedor es una de las profesiones más completas que existen, un vendedor debe ser optimista, perseverante, honesto, puntual, asertivo, capacidad de escucha, disciplinado, creativo, seguro, competente, amable.... etc.

Si no puedes hacer algo con la actitud correcta, no la hagas hasta que puedas cambiar de actitud. Disfruta de verdad vendiendo, sé consciente de las personas a las que puedes aportar valor y lo importante que es esta profesión para el conjunto. No temas cargar con responsabilidades ya que esta profesión te ayudará a crecer y expandirte cada vez más.

Yo Soy Orgullosamente Vendedor.

23 AGOSTO

¿En qué te estás enfocando en tus ventas en dar o en recibir? Aprende, ayuda, aporta valor a tus ventas y a tus clientes. Recuerda siempre que estas son las tres A de un vendedor de sonrisa iluminada. La misma palabra VENDE lo dice VEN-DÉ, dé una mirada, dé un producto, dé un servicio, dé tiempo, dé escuchando a un cliente.... En el dar y recibir está nuestro centro, nuestro YO. Tus ventas no estarán completas sin este ejercicio. La abundancia comienza cuando hay un corazón dispuesto a dar. Las personas habitualmente estamos esperando recibir, siempre que vemos un vendedor lo que esperamos de él es recibir una venta. Pero esto no tiene por qué ser del todo cierto, los vendedores son personas que más que vender lo que quieren es ayudar a mejorar dar algo para solucionar algún problema o intentar hacer la vida más fácil. Mantén tu enfoque en el dar y abre las puertas a un mundo de ventas con posibilidades infinitas, busca los problemas de la gente en lugar de huir de ellos, dé soluciones a los problemas, verás que cuanto más problemas soluciones, más ventas tendrás porque estarás dando valor a la vida de alguien.

Vende = Ven-Dé.

24 AGOSTO

Declara lo que quieres y no temas a la abundancia. Muchos vendedores no llegan ser mejores vendedores porque se conforman con lo que tienen, se acoplan a lo que ganan y lo peor de todo es que se mienten convenciéndose y diciéndose a sí mismos que tienen suficiente y que no les hace falta más, esto hace que su mente se bloquee para la prosperidad, el éxito y el dinero, pero eso es tan solo una excusa más de la mente porque sabe que si quieres más se va a tener que esforzar más. ¿No te gustaría ser millonario? Sueña a lo grande, ten aspiraciones, ponte nuevos objetivos y metas. No tienes por qué conformarte con lo mínimo o lo justo para vivir, lo peor que le puede pasar a un vendedor es acomodarse, esto no te permitirá sacar todo tu potencial. Tienes que tener hambre por vender más y mejor, no solo por lo que te va a portar económicamente sino también porque esto hará que te levantes cada día con ganas y motivación para darlo todo. ¡Elévate a lo más alto, muy alto!

Si Tú Sabes Lo Que Vales, Ve Y Vende Lo Que Mereces.

¡No Te Conformes Con Menos!

25 AGOSTO

Es necesario que encuentres ese momento de quietud para meditar y reflexionar sobre lo que está ocurriendo en tu vida, en tus ventas, en tu interior, lo que está en lo profundo, sobre las cosas que realmente importan, las que hacen que realmente tu vida sea la que es, que tú seas quien eres. Durante el día pasas por muchos momentos y situaciones de estrés, mucho movimiento y energías que deben de ser canalizadas y para que estas no permanezcan ancladas en ti, es importante esa desconexión del exterior. Cuando bloqueas las emociones, energías, sucesos que no terminas de entender y se mantiene en nosotros causándonos molestias y malestar. ¿No es cierto que cuando acumulas mucha tensión te empiezan a doler las cervicales? Puedes acudir al masajista o tomarte un medicamento, eso es un remedio para no sentir el dolor, pero en tu interior la emoción se queda anclada formando capas y capas de sufrimiento. Esos tiempos de quietud son esenciales y constituyen la misma medula de la vida. No importa cuán ocupado tengas el día. Tú eres lo más importante, tomarte un tiempo para ti y para conectar con tu verdadero ser es amarte.

Ámate, Ama Tu Vida, Ama Tus Ventas.

26 AGOSTO

No dejes que las preocupaciones, malos hábitos, negatividad, te hagan perderte el disfrute de un día en el que tus ventas pueden ser maravillosas. Esto solo depende de ti por lo que no permitas que nada ni nadie determine tu día, hazte el dueño de tu vida. Tienes que cambiar el chip y decir "hoy es un gran día" "voy a disfrutar de mis clientes y ventas" "yo sí puedo". Camina con los ojos abiertos y cuando te abrume algún pensamiento negativo concéntrate en las cosas bonitas, aprende a disfrutar al máximo de todo lo que te rodea. Observa cómo algo negativo puede ser cambiado por algo positivo. Aprende a controlar tus pensamientos porque estos pueden ser como la mala hierba de un jardín, pueden crecer tan deprisa e impedir el crecimiento de las bellas flores. Sé un buen jardinero y mantén limpio tu propio jardín. Sé un observador de tus propios pensamientos, no se trata de eliminarlos, sino de hacerte consciente y cambiarlos por otros que te van a permitir buscar automáticamente lo mejor de cada situación.

Si Puedes Cambiar Tus Pensamientos, Puedes Cambiar Tu Actitud Ante Tus Ventas.

27 AGOSTO

Como buen vendedor debes ser una persona con una alta capacidad para innovar, debes estar inspirado para poder idear estrategias nuevas de ventas, debes ser persistente, pero desde el respeto en primer lugar hacia ti mismo esto implica el saber gestionar las negativas y no tomártelas como algo personal. El vendedor que no logra entender esto está perdido. Debes respetar el proceso de la venta y de los clientes, ajustarte a los tiempos, pero sin dejar de perfeccionar la estrategia. En tu interior posees toda la sabiduría, conocimiento, comprensión, intuición que necesitas para llevar a cabo tus proyectos e innovación y estrategia de los mismos. No es necesario que busques en el exterior, en tu interior se encuentran todas las respuestas, pero para eso es necesario que emplees tiempo en entrar en lo más profundo de ti, hasta encontrarlo. Tómate tu tiempo y esfuérzate por encontrarlo. Recuerda esta frase:

El Que Busca Encuentra Y El Que Quiere Vender, Vende.

28 AGOSTO

Todos los vendedores han de aprender a generar valor añadido. No importa lo que vendas, lo que importa es: ¿Qué es lo que haces para generar valor a tus productos o servicios? Contra antes lo sepas más fácil te resultará vender. Al principio encontrar ese valor puede suponer un esfuerzo, pero has de obligarte a encontrarlo no solo en tus productos, sino en el conjunto es decir a ti como vendedor, tu empresa, tus clientes, plazos de entrega, servicio…. es bueno que de vez en cuando te detengas a meditarlo, ser honesto contigo mismo y no buscarte excusas. Observa también en qué áreas te encuentras más débil, haz algo al respecto porque si te sientes incapaz de superar ciertas flaquezas así será, solo con sentirlo lo estarás creando, ya sabes que cualquier pensamiento, afirmación, sentimiento es creador por lo tanto en la medida que lo sostengas como una verdad se manifestara en tu propia experiencia. Tienes un potencial infinito en ti, ya eres un gran vendedor, solo tienes que recordarlo. Repítete esta frase una y otra vez:

Todas Las Personas Que Tratan Conmigo Reciben Valor Y Están Agradecidos.

29 AGOSTO

Tienes que disfrutar de tus ventas, no importa dónde estés o a quién le estés vendiendo, si no tienes pasión por lo que haces no serás feliz, debes saber que el éxito sin realización no es nada. Puede que tengas días buenos y otros que no lo sean tanto, todo los vendedores pasamos por ello, lo importante es que no permitas que esto te mantenga bloqueado, es decir, intenta afrontarlo lo antes posible, reconoce lo que está sucediendo y si tiene solución toma acción lo antes posible, si no tiene solución, ¿para qué te preocupas? Tienes que ser capaz de entender esto y rápidamente dirigir tus pensamientos hacia lo positivo, dar infinitas gracias por la lección aprendida y en lugar de preocuparte ocuparte en otro cliente o situación la cual que te pueda aportar algún tipo de emoción distinta.

Preocuparte Es Usar Tu Imaginación Para Crear Algo Que No Deseas.

-ABRAHAM HICKS-

30 AGOSTO

Debes vender como lo hacían Jesús, Einstein, Platón, Sócrates.... ¿Qué tenían todos estos maestros en común? Su gran capacidad de enfoque hacia lo que realmente amaban. Actualmente tenemos muchas cosas con las que distraernos, pasamos de una actividad a otra aun sin terminar la que veníamos haciendo. Estamos en una era donde lo tenemos todo a nuestra disposición, es totalmente maravilloso y más para los vendedores donde tenemos un abanico inmenso para vender, si no es un producto otro. Pero es muy importante que aprendas a poner el foco en lo que realmente te apasiona, como lo hacían y hacen las personas de éxito, es decir, manteniendo el enfoque constantemente en tu objetivo, toda tu energía debe ir hacia eso que amas, permitiendo que crezca de tal manera que lo que amas termine amándote a ti. Sin embargo como ocurrió con la mayoría de estos grandes maestros, te tacharán de loco, obsesionado y la gente no te entenderá, sin embargo cuando obtengas éxito te envidiarán; así mismo cuando les demuestres el bienestar que sientes y que no te importa lo que piensen, te odiarán. Pero eso tan solo es una señal de que vas por buen camino.

Estás A Un Paso De Lograr El Éxito En Tus Ventas.

31 AGOSTO

Si tu mente sigue pensando que vender es engañar, presionar, quitarle algo a alguien…. vas a tener una carrera muy complicada como vendedor o emprendedor. Dedica tu día a vender desde el amor y servicio a la humanidad. Olvídate por un momento de ti, de tus intereses como vendedor, comprobarás como creces y te expandes. Alcanzarás grandes alturas y tu amor, comprensión que tienes ante las ventas, los clientes y la vida empezarán a cobrar otro sentido para ti. Los días pueden proporcionarte incontables oportunidades para sacar tu máximo potencial y crecer. Acepta cada cliente y cada venta con un profundo amor y gratitud, aun no habiéndose realizado ninguna venta. Siéntete crecer en conciencia y sabiduría. Vive tus ventas profundamente sin restricciones ni limitaciones. Espera tan solo lo mejor de todas las cosas y personas con las que te relacionas y observa como sucede tal cual. Animaos y apoyaos entre compañeros e incluso entre vendedor y cliente, de todas las formas posibles. Todo el mundo necesita estímulos, descubrirás que a medida que tú los ayudes ellos te estarán ayudando a ti al mismo tiempo.

Ayuda y Serás Ayudado.

SEPTIEMBRE

1 SEPTIEMBRE

Muchas personas obtienen grandes títulos, pero después no saben venderse en una entrevista de trabajo, no saben vender sus productos o servicios, no saben venderse para obtener lo que desean. Los títulos son importantes, pero si después no sabes vender, no tienes una buena actitud ante la vida y no tienes valores, estarás perdido en este camino llamado vida. No puedes caminar por la vida como un ciego sin ver la importancia que requiere VENDER. Debes ser consciente que en esta vida todo es una negociación, todo es una venta y el que no sabe vender está mal vendiendo. Abre tus ojos y oídos para ver las maravillas que hay detrás de esta profesión y escuchar todo lo que te pueden aportar las personas, si haces esto tomarás un sentido diferente hacia la palabra VENTAS. Comprenderás que las cosas importantes de la vida comienzan por un VENTA, una negociación con alguien o algo que quieres obtener. Reconócelo y llena tu corazón de amor y gratitud.

Sigue Tus Sueños.
Nunca Dejes De Vender.

2 SEPTIEMBRE

Debes detectar si lo que realmente amas hacer es vender, amas a las personas, amas el contacto, ayudar, aportar, aprender, disfrutas manteniendo conversaciones, escuchando, entendiendo a las personas y todo lo que conlleva ser un gran vendedor. Existe un propósito para cada uno de nosotros, si consigues recordar cuál es experimentarás la felicidad absoluta mientras lo estés haciendo. Todo lo que hagas, digas, pienses estará subordinado a esta función. No querrás hacer nada más que vender, en cualquier lugar estarás pensando en vender y no por lo que te vaya a dar sino porque está en ti, forma parte de ti con lo que no puedes remediar el compartirlo con el mundo. Lo maravilloso es que nunca termina, es tanto el bienestar que sientes que mientras lo vas experimentando vas sintiendo un bienestar mayor y cuanto más y mejor vendes, más quieres vender.

Descubre Quién Y Qué Clase De Vendedor Quieres Ser.

3 SEPTIEMBRE

La escuela es un lugar donde uno va a aprender cosas que no sabe y quiere saber. No es un lugar donde uno va si ya sabe algo y simplemente quiere experimentar. Sin embargo las ventas es una profesión donde tú vas a experimentar algo que ya sabes. Tú ya sabes las habilidades básicas que necesita un vendedor, no solo las sabes sino que además estas forman parte de ti. Desde que naces estás experimentando la negociación, persistencia, constancia, dedicación, frustración, amor hacia todas las cosas que quieres conseguir, por lo tanto ya sabes todo lo que se necesita para vender, nada se oculta, nada se esconde, lo que ocurre es que algunas personas poco a poco se van desconectando de estas habilidades. Debes saber que posees todas estas habilidades, que tienes un gran potencial y que puedes ser un gran vendedor, pero a menos que lo experimentes tan solo se quedará en un concepto, una idea sobre ti mismo. Atrévete a vender y convertir este concepto en tu mayor experiencia.

Permite Que Tus Habilidades De Venta No Se Queden En Una Simple Idea O Concepto.

4 SEPTIEMBRE

VEN-DÉ, jamás pienses que no tienes nada que dar. La venta es dar, ofrecer, servir, ayudar, escuchar, aportar..... no lo pienses más y dalo por hecho, cuanto menos lo pienses mejor resultará. Vende para aportar y ayudar a los demás no por ti, olvídate del yo, déjalo a un lado, es decir, mantente sin un solo pensamiento hacia lo que puedas obtener a cambio y céntrate en lo que vas aportar, si consigues esto más feliz serás, porque estarás aplicando con conciencia la ley del dar y recibir, además debes saber que el dar es honor y el pedir dolor. Cuando vendas, vende sin expectativas, sin apegos, sin pensar tanto en la comisión. No te digo que no vendas sin comisión ni que te regales por la profesión, sino que aprendas a soltar y puedas vender de un modo completamente libre. Que tu venta sea hecha siempre desde un ganar=ganar, con abundancia pero con libertad, desde el amor. Este principio atrae regalos a todos los niveles, tanto materiales como espirituales, tangibles o no tangibles. Mantén la generosidad en tu vida y en tus ventas.

Yo Soy Un Vendedor Sabio Que Administra Con Generosidad Y Justicia.

5 SEPTIEMBRE

Tienes un gran trabajo por hacer, servir a los clientes, preocuparte por ellos, solucionar problemas con tus productos y servicios, crear afinidad con tus clientes, hazles saber que si necesitan algo tú vas a estar ahí. Siempre respetando tus horarios debes hacerles saber que eres vendedor es decir que (las cosas a veces no son tan urgentes porque no haces trasplantes de riñón) hacerte respetar es amarte a ti mismo. Por lo tanto siente la necesidad y la urgencia de todos tus clientes, pero siendo consciente de tu espacio y tiempo. El valor y el amor que puedes aportar empiezan en ti, por eso a medida que tú te valores, te harás valorar haciendo entender a tus clientes la prioridad en cada momento. Ofrece, aporta tus servicios desde el respeto, amor y alegría en la misma medida que tú lo hagas, recibirás. Si por el contrario no es así, recuerda no tomarte nada personal, comprende, tienes el poder de que puedes gestionar tus emociones y eso ya es una gran tarea, pero no puedes gestionar la de los demás.

Comienza Por Venderte A Ti, Dándote El Valor Que Te Mereces.

6 SEPTIEMBRE

Hemos vivido y vivimos en una era donde las ventas se hacen de forma racional esto nos lleva a ser conscientes del mundo de vendedores que hemos creado donde tenemos muchos vendedores con muchas técnicas de ventas, pero pocos valores, amor y emociones. Pero piensa esto, ¿realmente las personas por qué compran? Habitualmente los procesos de compra son emocionales, te suena las frase "total ya que estoy" o "por un poco más". Todo lo que compras es por emocionalidad, es decir, te dejas llevar por las emociones del momento, de cómo te vas a ver con todos esos extras que te están vendiendo. Tienes que ver esto con humildad y amor porque que realmente lo que te están aportando es valor, lo que ocurre es que tu mente no va a querer que lo veas de esta manera y te va a dar mil y un argumentos racionales de fondo porque va a buscar la racionalidad, no la emoción. Comprender esto como vendedor te puede ayudar a descubrir una forma diferente de vender en la que puedes dejar de utilizar el típico discurso racional, ya que entenderás que no resulta tan útil como vender provocando buenas emociones y vibraciones.

Vende Y Deja Que Te Vendan.

7 SEPTIEMBRE

¿Cuantas veces has pensado que el mundo de las ventas es complicado, está mal, cuesta mucho vender, es una guerra?…. es simplemente un juicio de valores personal, mediante este juicio estás creando tu propia experiencia en tus ventas, por medio de tus valores y juicios determinas y demuestras qué clase de vendedor eres. Si el mundo de las ventas existiera en condiciones que llamamos perfectas "todo se vendería rápido y solo" con lo que la profesión de vendedor se acabaría. Todos nosotros estamos interesados en que el juego continúe. Por más que digamos que las ventas están complicadas, lo que queremos es resolver problemas con nuestros productos o servicios, lo que ocurre es que no interesa resolver todos los problemas del mundo. Es como la medicina, se sabe que existen remedios caseros o medicina alternativa que pueden curar enfermedades, pero no interesa hacerlo por eso se oponen firmemente. Saca tu propia conclusión sobre esto, pero debes saber que tus ventas son como tú quieres, por las decisiones que tomas o dejas de tomar.

No Vender También Es Vender.

8 SEPTIEMBRE

Tienes que creer en ti, tienes que creer que tienes un potencial ilimitado que yace dentro de ti, eres un vendedor único, solo cuando puedas ponerte en primer lugar y reconocer que esto es una realidad absoluta, saldrá toda tu perfección. Empieza por mirar hacia dentro, silencia el mundo exterior de manera que puedas ver tu mundo interior. Explora tu corazón y observa qué es lo que estás poniendo en primer lugar. ¿Eres tú mismo y tu bienestar? Si no miras hacia dentro es porque estás mirando hacia fuera. No tienes por qué mirar hacia fuera, debes saber que en tu interior está todo, no hay nada que no puedas hacer, nada que no puedas vender, nada que no puedas tener. Cuando realizas una venta potencialmente exitosa o te ocurre algo maravilloso, habitualmente te muestras incrédulo, "demasiado bueno para ser verdad", directamente lo afirmas, lo ves como algo increíble. La inercia es elegir algo menor porque no te crees suficiente debido a la programación que tienes en tu subconsciente, por lo que no creer en estas cosas significa no creer en ti mismo y en tu potencial ilimitado. Confía en ti y nunca te pongas la excusa, que nada de lo que se te dé te parezca imposible.

Dentro De Ti Yace Un Vendedor Potencial.

9 SEPTIEMBRE

Un buen vendedor es aquel que presta el mejor servicio a sus clientes por lo tanto aprende a servir a tus clientes, ofrece lo mejor de ti, de tus productos o servicios, hazle saber que estás ahí para ayudar, sé amable…. no te veas como un sirviente porque lo único que tienes que hacer es vender con pasión. Servir no te hace de menos, al contrario estás ofreciendo o haciendo algo que la otra persona no sabe o no puede en ese momento. Lo que te hace ser un sirviente es vender por obligación, hacer lo que no te gusta, estar al servicio de los demás porque es lo único que hay y no puedes independizarte. Este es el motivo por el que muchos vendedores no llegan a tener el éxito que desean y lo peor de todo es que al ponerse al servicio de los demás de este modo toda su frustración la pagan con los clientes. Tienes entera libertad de adoptar la actitud que desees, pero debes estar dispuesto a asumir las consecuencias cuando las ventas no salgan bien. Recuerda, cuando sabes lo que funciona bien y escoges tu propio camino, la responsabilidad es mucho mayor pues ni siquiera puedes utilizar de argumento la ignorancia.

El Que No Vende Para Servir No Sirve Para Vender.

10 SEPTIEMBRE

Desde que naces tienes capacidades para vender, a medida que vas creciendo te vas desprogramando, esto hace que estas capacidades se vayan debilitando hasta incluso en algunos casos se llegan a perder, los síntomas son tales como empezar a preocuparte por lo que piensen los demás, temor de no ser demasiado bueno para poder lograrlo, no gustar, no poder, temor al rechazo, soledad..... esto origina que te cueste vender, pero la realidad es que cualquier persona puede hacerlo y ya sea que te dediques a ello profesionalmente o no siempre estás intentando conseguir algo. Tu misión es reconocerlo y hacer tu propio trabajo para lograr convencer lo mejor posible, solo tienes que dar el primer paso, los demás vendrán seguidos. Cuando comienzas con la profesión el primer contacto se te hace un mundo, pero a medida que vas avanzando las ventas van fluyendo como el agua que baja por el cauce de un río. Piensa cuando eras niño, te enseñaron a andar, pero nadie lo hizo por ti, sin embargo nadie ni tú mismo cuestionaba si lo ibas a lograr ya que por instinto se daba por hecho, lo mismo ocurre con la habilidad para vender. No importa si al principio te resulta costoso, tienes que quedar al margen y ser muy paciente, saber que es un instinto que te viene por naturaleza, solo debes despertarlo, cometer errores y aprender de ellos. Cada paso por pequeño que sea te llevará a estar más cerca de tu meta.

Estás Destinado A Ser Vendedor.

11 SEPTIEMBRE

¿Qué crees que te ha llevado a ser vendedor? ¿Crees que es casualidad que se halle este libro en tus manos? ¿Albergas alguna duda en tu mente? En el universo no existen las casualidades por lo tanto busca en lo más profundo de tu corazón y responde a estas preguntas con honestidad. Si todavía estás dudando toma tiempo para detenerte y mirar en tu interior lo que simboliza para ti la profesión. Cuando eliges una profesión estás eligiendo algo de ti mismo, algo que te identifica, a nivel inconsciente sientes que es un reflejo de ti. Te puedo asegurar que no es casualidad que estés donde estás ahora mismo y que lo que simboliza para ti la profesión no es de la profesión, sino que es algo que está en ti porque si tú preguntas a otras persona probablemente cada persona tendrá unas características definidas sobre la profesión y puede ser que no coincidan con las tuyas. Sin embargo tú tienes en tu mente unas características concretas las cuales tienes por el mero hecho de que consciente o inconscientemente te sientes identificada con ellas. Ahora ya sabes dónde encaja la pieza de tu puzle en el área de tus ventas.

Cuando Un Vendedor Sabe Dónde Va, El Universo Le Abre Las Puertas Del Camino.

12 SEPTIEMBRE

Tienes que tomar acción para vender y no limitarte a pensar, decidir y no hacer. Tan solo cuando pongas en práctica todo lo que ya sabes, ocurrirán las mejores ventas de tu vida, empezarás a disfrutar y vivir de las ventas. No esperes a que las cosas pasen, sal ahí fuera y haz lo que sea necesario para que ocurran. Pensar y orar es necesario, pero no es suficiente. No puedes quedarte esperando en el sofá a que los clientes vengan a ti, debes aprender a ser un vendedor de acción masiva, tienes que ser un vendedor con una energía superior, que todos puedan ver y detectar la pasión que tienes por vender, debes hacerlo de tal modo que todas las personas que te rodeen puedan ver lo que significa para ti las ventas. Esto significa poner toda tu fe y confianza en ello.

Soy Un Vendedor Apasionado Y Transmito Esa Pasión A Mis Clientes.

13 SEPTIEMBRE

Pide y se te dará, pide ser un vendedor de éxito y prosperidad, un vendedor generoso y agradecido. Tienes que hacer un esfuerzo especial para que esto ocurra, no es necesario que suponga tensión, puede ser un esfuerzo ligero y gozoso. Pero debes tomar acción masiva ya que eso es lo que puede hacer cambiar tu vida y tus ventas. Apunta alto, contra más alto mejor, si apuntas a la luna quizás llegues a las estrellas, pero si apuntas a las estrellas puede que te quedes en las nubes, no temas apuntar todo lo alto que puedas y no temas brillar. ¿Cuántas veces te has quedado anclado a lo conocido, por temor a lo desconocido? Habitualmente las personas temen tener éxito y a brillar demasiado, lo que significa que no tienen confianza ni en ellos mismos por lo que terminan alejándose de sus sueños por temor. Sabiendo esto, espera y acepta las mejores ventas de tu vida, no en el futuro, sino ahora mismo. Avanza con paso firme y decidido, sabiendo con auténtica firmeza que alcanzarás todos tus objetivos de ventas. Una vez hayas hecho tu parte el universo hará la suya, pero no antes. Ten confianza en ti y pon a tu servicio todas tus habilidades.

Pide Y Se Te Dará....

Tú Serás El Que Venda Más Y Mejor...

14 SEPTIEMBRE

¿Vendes con amor o con miedo? Cuando deseas hacer un cliente potencial y no actúas en consecuencia para obtenerlo, piensas que no te va a comprar, cuando ofreces tus productos sin convencimiento de que puedes ofrecer lo mejor, cuando dudas de tu capacidad de vendedor.... estás actuando desde el miedo. ¿Por qué no puedes aceptar que eres demasiado bueno y que esto es una verdad? Si no lo haces, lo que estás es afirmando que todas las cosas que te otorgan poder para vender más es una falsa. Tienes que tatuarte esta frase en la mente: Tú puedes ser, hacer, tener y vender cualquier cosa que puedas imaginar, pero debes vencer ese miedo que no te permite crear está realidad. El miedo es una emoción tan intensa que atrae a ti justo aquello que más temes. Cualquier pensamiento que tengas, hayas tenido o vayas a tener es creador, no importa que sea de temor o de amor, por eso debes entender porque es mejor vender desde el amor aunque suene cursi.

Tú Puede Ser, Hacer, Tener Y Vender Cualquier Cosa Que Seas Capaz De Imaginar.

15 SEPTIEMBRE

Cuando tu deseo sea vender desde el amor, aportando lo mejor de ti, servicio, ayuda, alegría, confianza y seguridad al mundo de las ventas en la misma medida incluso más es lo que recibirás. Tendrás que empezar por ti, por encontrar todos esos valores en tu corazón y hacer que permanezcan en ti hasta que lleguen a formar parte de tu identidad. Es una pérdida de tiempo hablar de todos estos valores si ni siquiera los quieres tener y mucho menos mantener. Puedes comenzar por hacerte consciente de tu propia vida es decir vender como a ti te gustaría que te vendieran, como cuando lanzas una piedra en el agua las ondas se expanden cada vez más, pero todo comienza desde el centro, desde el lugar donde ha caído la piedra, es decir desde tu interior. Solo así podrás ser un vendedor feliz y cambiar la vida de muchas personas, cambiando primero la tuya y atribuyéndote todos esos valores. Debes buscar este estado de conciencia y que nada ni nadie pueda perturbar en ella.

No Vas A Vender Más Con Tu Opinión, Pero Sí Con Tu Ejemplo.

16 SEPTIEMBRE

Te toca hacer tu parte. ¿Has repetido ya tus afirmaciones diarias? Cada noche antes de acostarte y cada mañana antes de levantarte repite unas veinte veces alguna de las afirmaciones positivas de este libro, repítelas lo bastante alto como para no solo las escucharlas, sino oírlas hasta poder integrarlas. Puedes hacerlas y te recomiendo que lo hagas también durante el día porque es cuando la mente está más distraída llevándote a sus pensamientos más frecuentes, detecta si estos son negativos y sustitúyelos por las afirmaciones. Recuerda el poder que tiene la autosugestión, la repetición a través del oído hace penetrar mecánicamente tu inconsciente para dar paso esta nueva realidad. Puedes crear tus propias afirmaciones, pero asegúrate de que estas sean siempre en positivo y en primera persona, no hagas como en el colegio que nos hacían repetir cien veces "no hablaré más en clase" ¿crees que lo conseguías?, al contrario cada día tenías más ganas de hablar y menos de estar en clase.

Yo Soy Un Vendedor De Éxito Y Prosperidad.

17 SEPTIEMBRE

¿Quieres cambiar el resultado de tus ventas? Lo primero que tienes que hacer es reconocer que quieres vender más. Después hacerte consciente de que tú eres el creador de tu propia vida y de tus ventas. Eres una máquina de creación y estás construyendo tu realidad a la misma velocidad con la que piensas. Ya sé que tú no puedes decidir por tus clientes, pero sí puedes observar la situación y decidir cómo quieres actuar, lo que determinará la clase de vendedor que eres. Solo cuando aprendas a hacerte responsable de todo, podrás decidir el cambiar una parte. Trata de cambiar tu estado y aprender de tus errores y rechazos. Utiliza tus ventas para autorrealizarte como un vendedor exitoso, aquel que siempre has querido ser. Si el rechazo te produce dolor, solo tienes que cambiar la manera de percibirlo. El acontecimiento en sí no lo puedes cambiar, pero sí la forma de verlo, piensa en él como un aprendizaje más, el dolor es un pensamiento equivocado, un juicio, elimina el juicio y el dolor desaparecerá.

Es Más Fácil Que Cambien Tú, Que Cambiar A Tu Cliente.

18 SEPTIEMBRE

Cuando decides ser vendedor debes hacerlo de todo corazón, todo lo que hagas en esta vida hazlo con gozo, ahí es donde encontrarás la auténtica libertad. Nadie te obliga a hacer nada, cada persona se crea sus propias obligaciones tantas que terminan viviendo la vida de los demás en lugar de las suyas. Por lo tanto si vas a pasar la mayor parte de tu tiempo trabajando más vale que lo que hagas con pasión, este es uno de los grandes secretos de la felicidad, pero la realidad es que algo que debería ser tan normal se termina convirtiendo en un sueño que muy pocas personas consiguen alcanzar. El que no vende con pasión termina aborreciendo la profesión y lo peor es que esto mismo es lo que transmite a sus clientes, empresa y compañeros. Debes aprender a estar a las duras y a las maduras porque solo cuando lo des todo, lo recibieras todo. A muchos vendedores les gusta la parte bonita de las ventas, pero ignoran aquellas que no son tan buenas eso es coger y tomar lo que uno quiere y no lo que requiere.

**Lo Que Sea Que Tengas Que Vender
Siempre Será Tu Elección.**

19 SEPTIEMBRE

Los buenos hábitos hacen vendedores de éxito.

Deja de quejarte por un día, tan solo por hoy detecta las veces que te quejas en el día, no solo de tus ventas, de todo en general, el frío, el calor, la lluvia, el semáforo, la llamada, los clientes, si te duele aquí o allá.... a nadie le gusta estar cerca de personas que están todo el día quejándose. Si estás cerca de personas negativas desconéctate de ellas, y si tú eres una de ellas cambia tu actitud, porque de este modo nunca lograrás conseguir todos tus objetivos de ventas. Debes hacerte consciente de que tus palabras y quejas crean continuamente tu realidad de forma automática, muchas personas llevan incorporado el hábito de las quejas haciendo de ello una forma de vida y lo peor de todo es que ignoran dónde les está llevando este comportamiento. Una buena forma para cambiar de actitud es haciéndote consciente y cada vez que detectes una queja substitúyela por una afirmación positiva, también puedes agradecer, piensa que tienes más cosas por las que agradecer que por las que quejarte, solamente tienes que hacerte consciente de ello.

Soy Un Vendedor Alegre Y Agradecido.

20 SEPTIEMBRE

Realmente todo vendedor desea obtener el mayor éxito posible en sus ventas, lo que ocurre es que cuando saben el precio que hay que pagar, entonces lo justifican diciendo que prefieren estar cómodos, que la vida son dos días y no les hace falta más para vivir. Todo esto son excusas creadas por la mente y son totalmente respetables, pero lo que no vale es engañarse porque la realidad es que la comodidad es lo que mata el éxito, esta falsa comodidad la crea tu mente para protegerse y no salir de la zona de confort. Por lo tanto si quieres crecer como vendedor y hacer que tus ventas crezcan debes estar dispuesto a estar incómodo, de tal manera que la incomodidad pase a formar parte de tu comodidad. Para ello es necesario cambiar los hábitos, no puedes vender mucho más haciendo lo mismo. Puede que tengas días donde estés dispuesto a darlo todo y otros que no tengas tantas ganas, esto es como el que se apunta al gimnasio a principio de año súper motivado y al cabo del mes termina yendo un día a la semana, pero observa tanto los culturistas como los vendedores más exitosos que conozcas cómo se entrenan continuamente, imita sus comportamientos y hábitos, si tienes algún vendedor de éxito cerca apégate a él con Super Glue, comienza actuar del mismo modo que él y obtendrás los resultados deseados.

En La Zona De Confort Las Ventas No Crecen.

21 SEPTIEMBRE

De tus ventas vas a obtener lo que te mereces, no lo que quieras. Es la ley de la siembra y la cosecha que traspasada al área de las ventas dice algo así como que en las ventas cosecharás lo que estés dispuesto a dar, es decir, a trabajar duro por tus clientes, servicio, ayuda, aportar valor con tus conocimientos, productos o servicios. ¿Quieres saber el valor que estás aportando? Solo tienes que observar los frutos de tu cosecha que no son otros que tus resultados de ventas. Si los frutos no son jugosos, están mustios, no te gustan los resultados obtenidos, es porque has dejado de vender dando lo mejor de ti a tus clientes.... te has despistado al sembrar. Pero siempre hay una segunda oportunidad para aquel vendedor que esté dispuesto a cambiar, y el modo de hacerlo es empezar a cultivar pensando en los clientes, siembra semillas de honestidad, integridad, dedicación, seguridad, confianza, generosidad, debes llegar a crear un esfuerzo desmenuzable pero gozoso, solo así podrás observar cómo a medida que los frutos van creciendo comenzarás a recibir todo el éxito deseado tanto para tu vida como para tus ventas.

El Mundo De Las Ventas Está Lleno De Vendedores Que Quieren Recoger Frutos De Árboles Que Nunca Sembraron.

22 SEPTIEMBRE

¿Si otros vendedores lo han conseguido por qué tú no? Y si no lo han conseguido tú puedes ser el primero. Pon en práctica todo lo que has aprendido sobre técnicas, habilidades, valores, actitud sobre las ventas…. Hasta que no lo hagas no sabrás si funcionan o no.

Quizás yo te diga que a mí me funciona, pero ¿y a ti? No quiero que creas lo que yo te digo, solo podrás saber si es real en el momento que lo pongas en práctica. Estás en este mundo para vivir tu propia experiencia y debes vivirla para madurar. Es como una mujer cuando da a luz, puede intentar explicar su sentimiento, pero por mucho que lo intente nunca sabrás lo que se siente al tener un hijo a menos que lo experimentes. Cada persona vive las ventas bajo su propia experiencia. Puedo ayudarte mediante la lectura de mis libros, aprender de ellos, escucharme hablar de ello e incluso comentarlo, como también puedes sentarte y dedicar el resto de tu vida a leer, escuchar, acerca de las experiencias de otros vendedores, o puedes decidir empezar aquí y ahora a llevar una vida completamente dedicada a tus ventas, solo así podrás saber si realmente funcionan todas esas técnicas y habilidades que permanecen dentro de ti.

Vende Aquí Y Ahora.

Vende Más Y Mejor.

23 SEPTIEMBRE

Tienes que saber que Dios, el universo, energía…. como le quieras llamar, nunca te va a dar más ventas y cargas de las que puedas soportar o quieras soportar. Si te parece duro vender, si no quieres salir de tu zona de confort, si tienes suficiente con los resultados que ahora mismo tienes, no quieres responsabilidades…. esto significa que no quieres ampliar tu capacidad para obtener más. No te preocupes, tus deseos son órdenes. El mundo de las ventas necesita de vendedores que estén dispuestos a asumir responsabilidades con una actitud firme y positiva, dispuestos a aportar valor, ayuda, dedicación hacia las personas, dispuestos a olvidar el YO y servir a sus clientes con una absoluta consistencia y dedicación. Dedica cada uno de tus días a dar lo mejor de ti, haz que todas tus ventas obren a tu favor y obtén los mejores resultados.

Tus Deseos Son Órdenes De Ventas.

24 SEPTIEMBRE

En tu vida y en tus ventas debe haber un equilibrio. Debes trabajar mucho, pero también aprender a jugar mucho lo que quiere decir es que te diviertas vendiendo. Tómate tus ventas como un juego, un juego donde todos ganan. No importa si los días son fríos, calurosos o lluviosos si de verdad disfrutas vendiendo. Cuando estás en tu propósito todos los días son de auténtica alegría, no te sientes agotado sino animado y motivado, sientes una motivación interna que hace que el trabajo nunca sea monótono porque tu actitud hacia el mismo es el correcto, es decir, disfrutas vendiendo, observando cómo cada cliente, situación, conversación, llamada, mirada, cada persona con la que te cruzas tiene algo nuevo que mostrarte. En este equilibrio encuentras que tu vida está completa y no sientes que tienes sobredosis ni de trabajo, ni de estrés. Quizás te encuentres con que nadie entiende ni comparte estas preferencias, pero no importa solo te digo que hagas aquello que te gusta y:

Vende Y Deja Vender.

25 SEPTIEMBRE

Recuerda siempre la importancia que tiene escuchar, muchos vendedores que se le defienden muy bien hablando, la comunicación es una herramienta muy importante para un vendedor, pero cada vez más el vendedor debe de saber escuchar, algunos vendedores serán capaces de oír y algunos pocos serán capaces de escuchar, pero no oirán nada. He aquí uno de los problemas que experimentas en tu día a día. Debes practicar la escucha activa, aprender a oír no solo con los oídos, también con el cuerpo, con tus movimientos, practica el lenguaje no verbal. En este momento puedes estar leyendo este libro, pero quizás no lo estés oyendo por lo que probablemente no lo estés entendiendo. Hacer esto es como perder un mapa, ya que en el que puedes encontrar el camino a través de las palabras. Date cuenta de la importancia que tiene escuchar y entender, para ello solo tienes que observar el impacto que produce en ti mismo cuando sientes que alguien te escucha y te comprende, observa cómo las personas con las que más tiempo pasas son aquellas con las que puedes hablar, aquellas con las que te sientes escuchado y comprendido. Por lo tanto toma el hábito de escuchar a tu cliente antes de ofrecerle tus productos, averigua qué clase de persona es con la que estás tratando y lo que necesita, esto hará que se sienta valorado y te sumará puntos a la hora de cerrar la venta.

Escucha Con La Intención De Entender No Con La Intención De Responder.

26 SEPTIEMBRE

El número tres es un número que contiene mucha magia tanto para el área de las ventas como para el desarrollo personal y espiritual, es un número que obra entre nosotros universalmente y puedes constatarlo en la búsqueda de todas las religiones, por lo que muchos expertos aseguran que todas las cosas generadas bajo este número poseen una vibración especial. Piensa en esto, eres un ser triple ya que te compones de cuerpo, mente y espíritu. La Santa Trinidad es lo físico, lo no-físico y lo meta-físico, también conocido en nuestra religión como Padre, Hijo y Espíritu Santo, o consciente, subconsciente, y superconsciente. Así mismo el tiempo se divide en pasado, presente, futuro y el espacio se divide en tres aquí, allí y espacio intermedio. Existen tres energías creadoras pensamiento, palabra, acción. Colón viajó en las tres caraberas La Pinta, La Niña y Santa María, tenemos los tres cerditos, los tres mosqueteros, los tres Reyes Magos…. existen centenar de ejemplos que pueden constatar lo dicho. En el caso de las ventas tenemos la técnica de poner tres productos dándole la opción al cliente de elegir entre los tres, esto hace que el número tres cumpla su función en esta área y existen estudios que demuestran que la compra es mucho más efectiva. Por lo que en mi caso no podía faltar mis tres A para ser un vendedor de sonrisa iluminada debes:

Aprender, Ayudar, Amar.

27 SEPTIEMBRE

¿Realmente quieres que tus ventas despeguen? Entonces cambia tus creencias sobre ellas, piensa y actúa como si ya fueses un vendedor súper exitoso. Deja de decir que la cosa esta mal, que tú no sirves para eso, que vender es engañar, que hay mucha competencia….. todo estos son creencias que te están limitando, substitúyelas por pensamientos positivos, declaraciones positivas, mantras, no dejes de repetírtelo hasta que estas lleguen a formar parte de tu identidad, del mismo modo debes actuar, es decir, salir a vender como si fueras el mejor vendedor del mundo, confía en ti, créetelo, disfruta de tus ventas como si fueras un niño. Quizás te traten de loco porque piensen que vives de tus propias ilusiones, no te preocupes por los demás antes o después se sentirán atraídos por ti, bien por tus resultados de ventas o bien porque sentirán que eres una amenaza para ellos ya que tu luz, bienestar, pasión, alegría, amor, hacia ti mismo y hacia tu labor de comercial serán tan evidentes que no entenderán que pueda ser real. Tu misión es ser un ejemplo para el mundo del vendedor, obrar en consecuencia, obtener los mejores resultados para así poder dejar tu mejor legado.

Véndete Con Tu Ejemplo.

28 SEPTIEMBRE

Tienes que amarte, amar tus productos y amar a tus clientes. O vendes con amor o vendes con miedo, desde el miedo no puedes conocerte, no puedes conocer tu verdadera esencia por ese motivo debes aprender amar tu profesión y dejar que el amor fluya libremente en todo lo que hagas. Amar es centrarte en aportar el máximo valor a tus clientes y no en la recompensa, no te digo que trabajes gratis "si lo hicieras no te estarías amando", lo que quiero decir es que no te centres en tu comisión, más bien aporta, ayuda, valora a tus clientes y la recompensa vendrá por añadidura. Nunca puedes dar demasiado amor, demasiado ayuda, demasiado valor por eso no intentes vender desde el miedo aun cuando seas rechazado. Si ocurre tal cosa lo único que pasará es que te retirarás por temor a ser herido, perderás la venta y te quedarás con un mal sabor de boca. Mantente constante y no te tomes las negativas como algo personal ya que en ocasiones las ventas no se producen en el momento, en algunos casos necesitan de un tiempo en el que debes permanecer constante, pero no sofocante para que el cliente llegue a sentir tu confianza y saber que está tomando la decisión adecuada. Haz uso de tu amor, profesionalidad y sabiduría para mantener el equilibrio perfecto y pueda producirse una venta afianzada en el tiempo. La lección más importante tanto para tu vida como para tus ventas es aprender amar.

Piensa, Vende, Ama.

29 SEPTIEMBRE

Cuando crees que no puedes vender más, que no puedes avanzar un paso más, que todo el pescado está vendido…. es el universo puliendo el diamante que hay en ti, presionando para que brilles y saques a relucir el gran vendedor que hay en lo más profundo de ti, por lo tanto ¡es hora de apretar el acelerador! Las mejores ventas comienzan cuando estás dispuesto hacer lo que nadie hace, ahí es donde se diferencian los buenos vendedores del resto, porque las primeras horas del día son productivas para todos, pero los verdaderos campeones de las ventas se forjan cuando los demás abandonan. Es algo que todos los vendedores pueden hacer si así lo quieren y aceptan, pero muy pocos están dispuestos a depositar sus vidas en sus ventas, algo que resulta curioso porque realmente sus ventas es lo que les da para vivir y les hace crecer tanto a nivel profesional como personal. Date cuenta que te guste o no, te pasas el día vendiendo, necesitas venderte hasta en tu casa por lo tanto ser vendedor está en tu verdadera naturaleza por lo que el que no vende está mal vendiendo ¡siempre!

Tu Mayor Desafío Es Pulir El Diamante Que Llevas Dentro A Través De Tus Ventas.

30 SEPTIEMBRE

En ti está la fuente de la vida pero de ti depende que de esa fuente fluya agua dulce o amarga. Muchos vendedores se preguntan por qué el mundo de las ventas está lleno de altibajos o por qué sus ventas van mal e inmediatamente y por inercia comienzan a justificarse, sacan a relucir su actitud de víctima, echan la culpa a los demás y a todas las cosas, situaciones y personas pero nunca a ellos.

Cuando tú comiences hacerte 100% responsable de tu vida y de tus ventas no albergarás este tipo de dudas, porque comprenderás que no estás poniendo lo prioritario en primer lugar y que estás perdiendo el tiempo en muchas otras cosas menos en vender. Esto requiere de mucha humildad, tiempo, paciencia, fe y creencia. Continuar con la actitud de víctima no te va a ayudar porque la respuesta a tus problemas y resultado de ventas esta en ti, en asumir la responsabilidad que conlleva ser un buen vendedor, salir ahí fuera y vender, visitar, llamar, ayudar, atender, servir como nadie lo hace……. no solo un día, ni dos sino continuamente todos los días debes crear un hábito que tiene que perdurar en el tiempo. Date cuenta de que tus ventas dependen de ti y de nadie más.

Contra Más Rápido Te Responsabilices De Tus Ventas Más Venderás.

OCTUBRE

1 OCTUBRE

La mayoría de personas tenemos una fuerte resistencia a que nos vendan, ocurre porque continuamente nos están vendiendo, presionando mediante publicidad, anuncios, emails, llamadas, vemos carteles por todos los lados e incluso en ocasiones nos sentimos estafados, esto es la otra cara de las ventas y es lo que nos lleva a pensar mal, tanto que en cuanto vemos a un vendedor lo rechazamos sin darle opción a más. Para que a ti como vendedor esto no te ocurra puedes poner en práctica el método del elevador Pitch, también conocido como discurso del ascensor. Consiste en hacer una presentación en menos de sesenta segundos para impactar la mente del cliente y este se quede con la sensación de querer saber más. No importa nada de lo mencionado anteriormente si tú haces bien tu parte, es decir, con verdadero amor y buena intención el universo hará la suya, pero para ello debes aprender a ser sabio, inteligente y prudente, saber presentarte y decir algo de una manera estructurada es iniciar la venta con buen pie.

Busca la manera de impactar a tu cliente con la respuesta. EJEM. Soy Carolina, me encanta ayudar, servir y amar a las personas a través de las ventas, crecimiento personal y espiritual. ¿Te gustaría que te sirvieran desde el amor o desde el miedo?

Impacta A Tus Clientes Con Tu Presentación.

2 OCTUBRE

Si estás en el negocio de las ventas es porque eres una parte importante de ese puzle, has venido a este mundo para mejorar la vida de los demás a través de tus productos o servicios. Mira cómo surgen y desarrollan tus habilidades de ventas y no te apresures por querer vender, sé consciente de que algunas ventas necesitan su tiempo, tiempo para tu aprendizaje y tiempo para ganar la confianza de tus clientes. Haz tu trabajo con amor, respeto, profesionalidad y aprende a esperar con absoluta fe porque cuando tú sabes desde lo más profundo de ti que cuando un trabajo está bien hecho, no tienes por qué preocuparte más, y si lo haces estarás dándole un exceso de importancia o lo que es peor presionando al cliente, no te metas en su casa, no lo avasalles a emails, llamadas, hazle sentir bien desde el primer momento y después suelta, en lugar de ocuparte en otro asunto. Debes saber que hay un tiempo y una estación para cada cosa. Recuerda no está en tus manos cambiar las estaciones del año. pero sí puedes decidir la manera en la que quieras vivirlas, es decir, puedes poner toda tu pasión, fuerza, y valentía en el momento y te aseguro que el cliente se acordará de ti y cuando necesite tu producto te llamará. Vuelve en cuanto pase un tiempo, comprobarás que te recuerda y quizás en ese momento se realice la compra.

Hay Un Tiempo Para Vender Y Un Tiempo Para Hacer Que Las Ventas Sucedan.

3 OCTUBRE

¿Has oído el dicho de que el dinero atrae el dinero? Esto es real y ocurre por medio de la ley de la vibración. Cuando una persona entiende las leyes universales sabe que atrae hacia ella según el tipo de vibración que esté emitiendo, lo que quiere decir que lo que piensa, presta atención, energía y foco crea un conjunto de emociones por las que atrae una situación acorde a ello. Por lo tanto cuanto antes lo practiques conscientemente en el área de las ventas, es decir, más pienses en vender, más energía y foco le prestes a tus ventas, más ventas tendrás y mejor vendedor serás porque estarás generando una vibración de éxito y el éxito generará más éxito, por lo que a su vez el concepto que tienes de ti como vendedor será cada vez mayor. Es como una retroalimentación y cuanto más lo intentes, te des cuenta de que funciona, más confianza y éxitos obtendrás, tus ventas comenzarán a ser cada vez mayores y perdurarán en el tiempo, el concepto que tienes de ti como vendedor mejorará tanto que te convencerás de que eres un excelente vendedor, la abundancia y las ventas irán contigo donde quiera que vayas. Tus relaciones personales mejorarán, no necesitarás motivaciones externas para venderla que te mantendrás en un alto nivel de energía y te sentirás más positivo que nunca.

Atraigo Hacia Mí Abundancia De Pedidos.

4 OCTUBRE

Antes de entrar en un cliente prepara tu estado mental. Dite ¡soy el mejor vendedor! ¡Soy el mejor vendedor! ¡Soy el mejor vendedor!

Hínchate de ideas positivas, como si de un globo se tratara, coge aire y cuando lo sueltes dite las afirmaciones, observa cómo conforme se va hinchando el globo así va aumentando tu autoestima. Toma consciencia de que el pensamiento que tengas sobre ti crea la palabra, la palabra la acción y los tres juntos crean un resultado. Es el proceso de creación que se inicia con el pensamiento, una idea o imagen mental, piensa en esto..... el móvil, el coche, el boli, el producto que vendes..... todo lo ves fue creado a través del pensamiento de alguien por lo que confirma que el pensamiento es el primer nivel de creación. Sabiendo esto ahora piensa pues que eres el mejor vendedor, a continuación a través de la palabra ¡decrétalo! con fuerza y convencimiento ya que esta produce una vibración contra más energía y convicción le pongas mejor. A continuación toma acción, la acción es toda esa energía creando. Tu pensamiento acerca de ti mismo es lo que terminará siendo, no pierdas el tiempo con pensamientos negativos, usa cada momento del tiempo con palabras y pensamientos de amor, positivos y constructivos.

¿Qué Pensamientos Le Vendes Cada Día A Tu Mente?

5 OCTUBRE

¿Qué es lo que te paraliza y hace que desaproveches tu potencial como vendedor? El temor al fracaso y al rechazo son dos de los grandes paralizadores de los vendedores. El temor al fracaso viene del subconsciente es una creencia formada durante nuestros primeros años de vida. Sabiendo esto piensa, ¿cuándo fue la primera vez que te rechazaron, te dijeron que no podías lograr algo, no eras lo suficiente bueno? ¿De quién provenían esas palabras? Las personas que más nos han influenciado en la infancia son los padres, maestros, amigos. Como resultado de estas críticas, de adultos experimentamos un profundo temor subconsciente. La buena noticia es que ahora ya lo sabes, por lo tanto tienes la oportunidad de deshacerte de ello y que mejor manera que a través de tus ventas. Quizás este sea uno de los motivos por los cuales te dedicas a esta profesión, puede que la vida te haya llevado hasta aquí para superar esos miedos, por lo que no te tomes nada personal, no permitas que esto afecte a tu autoestima, entiende que el fracaso como el rechazo forma parte del día a día de un vendedor y es precisamente lo que te permite crecer, por lo tanto siempre que detectes alguna emoción de temor o fracaso, pregúntate: ¿Y si la vida me ha traído esta situación para superar estos miedos?

Tus Mejores Ventas Están Al Otro Lado Del Miedo.

6 OCTUBRE

La emoción es una fuente que atrae por lo que la pasión y el entusiasmo por lo que vendes construye más del cincuenta por cien de tus de ventas. Cuando pones pasión a lo que vendes esta se transmite hacia la mente y corazón de tus clientes y permite que la venta se efectúe con la misma pasión y entusiasmo que le pones. Los mejores vendedores son los que se aman por encima de todo y trabajan todos los días en su autoestima, aman sus productos o servicios y aman a sus clientes porque entienden que sin ellos no habría venta. Observa cómo los clientes pasan demasiado tiempo en sus puestos de trabajo, soportan muchas actitudes de sus compañeros, jefes, clientes, situaciones..... lo menos le apetece es que llegue una vendedor con la misma actitud negativa que lleva soportando durante todo el día. Por lo tanto cuando llega un vendedor alegre les saca de su bucle y les hace sonreír esto le permite desconectar de esa mala vibración, por lo que este vendedor ya se ha ganado su confianza es decir ya tiene la mitad de la venta cerrada. Conviértete en un vendedor de sonrisa iluminada.

La Sonrisa Iluminada Es El Idioma De Los Vendedores Exitosos.

7 OCTUBRE

Si decides ser un vendedor exitoso debes tomar conciencia de tu integridad es decir hacer lo que has dicho que vas a ser en todo momento. La integridad, determinación y fuerza de voluntad tienen que ser cruciales para ti, por lo que no te rendirás, la palabra fracaso desaparecerá de tu vocabulario, cuando decides de antemano no rendirte nunca te estás planificando mentalmente para el éxito. No importa cuán difícil se ponga la situación, a la larga lo lograrás, para ello debes ser constante con la decisión, trabajar duro para obtener más ventas, a medida que vayas vendiendo irás creciendo, tu autoestima irá en aumento y la imagen que tienes de ti mismo se reforzará. Ten en cuenta que cuanto más te ames, más reforzarás esa integridad, más amarás tus ventas, más venderás y llegará un día en que tus ventas te amarán a ti de tal manera que los dos lleguéis a ser uno y es cuando surge la magia, aquella que convierte tu profesión en tu pasión y envuelve de abundancia las tres áreas más importantes de tu vida salud, dinero, amor.

Vende Con Pasión Y Tendrás Salud, Dinero Y Amor.

8 OCTUBRE

Los mejores vendedores planifican sus ventas, esto les ayuda a tener una visión clara de sus objetivos y metas. No solo los mejores vendedores tienen este hábito, es algo común entre las personas con altos niveles de éxito, por lo tanto es esencial para tu éxito profesional que definas tus objetivos y metas por escrito. ¿Por qué por escrito? Es una formula muy efectiva para programar tu subconsciente ya que una vez escrita pasa a cobrar vida, es como si le dieras una orden a tu subconsciente para que comience a guiarte rápidamente hacia el logro de esas metas, es decir, que al ponerte metas y objetivos detectas más rápidamente las oportunidades que hay a tu alrededor. Es como cuando te vas a comprar un coche que nunca habías visto antes, y de repente comienzas a ver coches iguales por todos los lados, esto no sucede porque te lo hayas comprado tú y todo el mundo se copie de ti, sino porque antes no le prestabas atención y desde que decidiste comprártelo lo mantienes en tu mente. Lo mismo va a ocurrir en el momento que tú apuntes tus metas, de repente comenzarás a ver más oportunidades y además te mantendrás más motivado y entusiasmado en hacer lo necesario para lograrlo, tu mente estará perfectamente programada para permitirte usar tu máximo potencial.

No Hay Ventas Sin Metas.

9 OCTUBRE

Imagina que tu mente se compone de tres partes:

mente consciente donde materializas tus ventas, mente subconsciente donde puedes moldear tus pedidos como si de una plastilina se tratase, y la mente superconsciente que es neutra, es infinita, por lo que es donde puedes realizar todo los pedido de ventas que quieras, esta no piensa ni decide, simplemente obedece a tus órdenes mentales. Cuando tomes conciencia de esto podrás hacer todos los pedidos que desees, escogiendo imágenes mentales de ti mismo vendiendo e intercambiando con los clientes como si fueras el mejor vendedor del mundo, no te limites, debes saber que en tu mente superconsciente no hay límites, todo lo que imagines aquí pasará a formar parte de tu mente subconsciente donde le podrás dar la forma que desees con el color de la plastilina que escojas, esto terminará reflejado en tu mente consciente, es decir, que lo verás materializado porque esta se encargará de darte los pensamiento, palabras, y acciones que te harán ser un vendedor exitoso.

Domina Tu Mente Y Dominarás Tus Ventas.

10 OCTUBRE

Estás dedicado al mundo de las ventas por algo, nada en la vida sucede por casualidad. Acepta esto y date cuenta de que si eres vendedor es por una razón muy específica. Quizás tienes ciertas lecciones pendientes y esta profesión se te ha dado para permitirte aprender esas lecciones de la forma más rápida posible para que puedas crecer y aportar al mundo valor con tus ventas. Piensa en lo aburrido y poco interesante que sería tu vida si pudieras elegir quedarte en el sofá de tu casa. ¿Crees que aprenderías todo lo que has a aprendido en el tiempo que llevas dedicándote a esta profesión? La vida de un vendedor está llena de emoción y da un sentido de expectativa siempre que la persona esté dispuesta a aprender, avanzar sin temor a lo desconocido y dar pasos con absoluta fe y confianza en sí mismo. Siente cómo esta profesión te permite realizarte, disfrutar del trato con las personas, aprender de los errores, superar los miedos que conlleva un fracaso o una negativa. Observa cómo a través de tus ventas cada día te haces más fuerte y tu autoestima sube a medida que vas creciendo, sabiendo esto: ¿Aún piensas que eres vendedor por casualidad?

Las Casualidades No Existen.

Estás Vendiendo Por Una Lección O Una Bendición.

11 OCTUBRE

Las ventas es lo que haces de ellas. ¿Qué haces tú al respecto? Tú puedes dirigir tu vida, tus ventas, tu felicidad, tus éxitos, tus gozos, tus penas.... de manera consciente o inconsciente esto es una realidad. Por lo tanto tus ventas pueden ser maravillosas, emocionantes, exitosas, depende de ti que así sea al esperar y trabajar para lo mejor. Sal a vender cada día sabiendo y afirmando que, "la mejor venta siempre está por llegar". Pero no pierdas el tiempo preocupándote por lo que pasará mañana o lo que pasó ayer, así mismo tampoco permitas que nadie decida tu día, ningún cliente malhumorado, ninguna situación negativa inesperada ni problema debe deprimirte. Si tiene solución ponte en acción y si no la tiene ¿para qué preocuparse? Aprende a mirar siempre el lado positivo de las cosas y aprende de las situaciones tormentosas, pero no consientas estropear el día de hoy. Cada día es una nueva oportunidad para subir un peldaño más y elevar tus objetivos y ventas.

Un Día Sin Salir A Vender Es Un Día Perdido.

12 OCTUBRE

Imagínate constantemente como el mejor vendedor de tu campo, visualízate como el que más ventas y beneficios obtiene, imita al mejor vendedor de tu empresa, pregúntale, pégate a él con Super Glue, observa sus hábitos, sal con el hacer visitas. Camina, habla, trata a los demás como si ya fueras un supervendedor. Cuando veas los éxitos de otros vendedores, cuando vayas algunos de tus clientes y veas sus éxitos, su lujoso coche, casa, su ropa, reloj…. ¡FELICÍTALO! No hagas como la mayoría de personas que envidian y critican los éxitos de los demás, si tú ya sabes lo que cuesta el éxito, sabes que también puedes llegar a tener el éxito que deseas si estás dispuesto a pagar el precio y exprimir todo tu potencial ¿No crees que la persona que ya lo ha conseguido se merece un aplauso? No importa como haya llegado a obtener el éxito, no importa si se lo ha trabajado más o menos, todo eso es el ego y no es cosa tuya, lo importante es que lo tiene y si otra persona lo ha logrado tú también lo puedes lograr. Creemos el hábito de levantarnos y motivarnos los unos a los otros, creemos el hábito de mostrar nuestros éxitos a los demás, no con afán de protagonismo, sino ofreciendo tu mano para poder ayudar y decir:

Si Yo Lo He Logrado Tú También Puedes.

13 OCTUBRE

Si temes vender, imagínate el no vender.

Aprende a ponerte metas no solo profesionales, también personales y familiares, es decir: ¿Por qué, para qué, por quién quieres vender más? Es importante saber las razones por las que te levantas cada mañana y sales a vender con alegría a pesar de las dificultades, rechazos, fracasos que te vayas a encontrar. Debes tener un plan, un propósito real en la vida aunque no siempre seas capaz de ver la meta con claridad, pues cuando tú miras el mar no ves el océano entero, pero no te hace falta verlo para saber que está ahí. Como todo vendedor pasarás por experiencias difíciles, te resistirás a crear hábitos positivos, pero recuerda, te enfrentes a lo que te enfrentes aspira alto, cuanto más alto mejor, cuanta más claridad tengas con tus objetivos personales y familiares, más motivado estarás y más rápido te recuperarás de las dificultades que se puedan presentar. Debes continuar subiendo hacia tus metas peldaño a peldaño por la escalera de las ventas, con fe y seguridad de que cada paso te acerca más a la meta.

Las Metas Son Pedidos De Ventas Con Fecha De Entrega.

14 OCTUBRE

Aprende a ser un vendedor optimista, tus pensamientos tienen que ser siempre positivos. Debes pensar continuamente en la clase de vendedor que quieres SER y tener claridad en lo que quieres tener y hacer con tu profesión, una vez lo tengas claro no dejes de pensar en ello y espera lo mejor en todo lo que hagas. Toma acción masiva, pero mantente bajo la excelencia, es decir, que puedes y harás todo a la perfección. Mantente siempre motivado sabiendo por y para qué quieres vender más, piensa en cómo puede cambiar tu vida, la de tus seres queridos, incluso el mundo si tu consigues ser un gran vendedor, con esto en tu mente comienza a vender con pasión, energía, alegría, todo tu amor y auténtica perfección. Cuando entiendas todo lo que puedes llegar a ser, tener y contribuir en la vida, cuando este sea tu mayor deseo comenzarás amar las ventas y querrás vender cada vez más y mejor, siempre querrás tener la mejor actitud, y dar lo mejor de ti, nunca te sentirás satisfecho con menos.

Ser Un Gran Vendedor No Es Cuestión De Tamaño, Sino De Actitud.

15 OCTUBRE

Es muy importante y beneficioso que te sientes a meditar y comiences a observar dónde necesitas cambiar, qué necesitas reforzar, sanar, recordar, qué puedes hacer para conseguir más rápidamente tus objetivos, la meditación te ayudará a detectar hábitos y emociones que pueden estar bloqueando el proceso hacia el logro de tus objetivos. ¿Cuántas personas quieren hacer algo y no lo consiguen por miedos, creencias, inseguridades, malos hábitos? Debes detectarlo y hacer lo que sea necesario para cambiarlo, has de saber que esta concentración te traerá lo mejor.

Observa la naturaleza, las hojas de un árbol no son siempre las mismas, estas cambian de color según la estación incluso van cayendo del árbol hasta quedarse completamente pelado sin una sola hoja, pero no por ello el árbol pierde la fuerza vital aunque se haya quedado sin hojas, su fuerza continúa en su interior y a partir de ese centro brotarán hojas nuevas. Lo mismo ocurre contigo has de entrar en tu interior y conectarte a esa fuente divina, observa como a través de la meditación puedes detectar las hojas marchitas que ya no necesitas y dejarlas caer sin retener para que en su lugar puedan brotar hojas nuevas, las mismas que te aportarán toda la energía necesaria para lograr llegar a ser el vendedor que estás destinado a ser.

Si No Te Gusta Algo Cámbialo, Si No Puedes Cambiarlo Medítalo.

16 OCTUBRE

Todos los vendedores tienen algo que dar y deben de ser generosos, no me refiero a regalar los productos o servicios, ni cosas materiales, me refiero a dar de corazón, dar los Dones. Los Dones que posees son para que los compartas con el mundo no para que los guardes solo para ti o unos pocos. Cada vendedor posee grandes Dones en niveles muy diferentes déjalos al descubierto y utilízalos como es debido. ¿Qué es lo que mejor se te da a la hora de vender? Toma tiempo para averiguarlo, si es que no lo sabes. Da lo mejor de ti con alegría y gozo, agradece tener algo que dar, sea lo que sea por muy pequeño o tonto que te parezca. Si has elegido vender con valores, dar el mejor servicio, aportar el máximo valor a tus clientes, vender con amor, dedicarte por completo a tus ventas, ser excelente.... si todo ello lo unificas con tu Don ya no puedes quedarte nada para ti. Date cuenta de que nada de lo que tienes es tuyo, ni siquiera tus Dones, el día que fallezcas no te llevarás nada, por tanto date el placer de compartirlo.

Vender Es Usar Tus Dones Para Mejorar La Vida De Los Demás.

17 OCTUBRE

¿Cómo esperas estar entre los mejores vendedores de tu campo si no estás dispuesto hacer un esfuerzo para que así sea? Debes saber que lo que diferencia a un vendedor exitoso de un vendedor promedio no son las técnicas de ventas, ni los estudios que tenga, ni los idiomas…. no digo que no sea importante, lo es y mucho, lo que digo es que no es más importante que la mentalidad, valores y manejo de las emociones, esto tiene que ver más con lo que sucede en tu interior que con las circunstancias externas, es algo que has de buscar y encontrar por ti mismo. Lo que sucede dentro de la mente del vendedor es lo que hace la gran diferencia. Utiliza todo el potencial que reside dentro de ti, empieza a pensar por ti mismo, mantente en tus propios pies y deja de apoyarte en las situaciones externas. Recibe tu inspiración desde dentro no desde fuera. Existen muchísimos casos de grandes vendedores que comienzas su carrera de vendedor sin ninguna ventaja y sin embargo, llegaron a la cima del éxito gracias a su buena actitud. Tú también puedes llegar puedes comenzar por imitar lo que han hecho esos grandes vendedores.

Los Grandes Vendedores Siguen Vendiendo Hasta Que Lo Hacen Bien.

18 OCTUBRE

¿Qué estás haciendo con tus ventas? Si eliges tener éxito en tus ventas, ser un vendedor feliz, hacer de tu profesión tu pasión, eso será lo que tendrás; y si eliges ser un vendedor negativo, siendo una víctima más de las circunstancias, vendes pensando en tus comisiones y en nadie más, eliges la miseria, eso es lo que obtendrás. Tus ventas las eliges tú sea consciente o inconscientemente. Eres libre de hacerlo, muchos, muchísimos vendedores venden de mala manera y luego se preguntan por qué no venden, les parece todo injusto, no son felices, pero continúan en la profesión porque piensan que no les queda otra. El camino hacia el éxito lo puedes elegir tú, pero para ello debes saber a dónde quieres llegar, tener claridad para tomar las acciones adecuadas todos los días, observar si los resultados que tienes son los que deseas y mostrarte flexible para cambiar hasta obtener el éxito deseado.

Si las creencias que tienes sobre las ventas no te están ayudando a obtener los resultados, abandónalas y prueba con otras nuevas. Nadie más puede hacerlo por ti, nadie puede vender por ti.

El Éxito En Tus Ventas Depende De La Calidad De Tus Pensamientos.

19 OCTUBRE

Puedes hacer que este día sea lo que tu deseas de él. Desde el mismo momento en que te levantas por la mañana puedes decidir qué clase de día va a ser para ti. Tu día es siempre el resultado de tus pensamientos, siempre vas a vivir tus días y tus ventas como tú quieras, constantemente estás creando tus días por lo tanto si no te gusta lo que acabas de crear, elige de nuevo, siempre tienes esa oportunidad. Puedes comenzar dando las gracias por todos los clientes que ya tienes y los que están por venir, cuanto más agradecida estés más apertura tendrás hacia los clientes que te pueda traer el día. Los buenos pensamientos, la gratitud y el amor que le pones a las cosas pueden abrir la puerta y mostrarte el camino que te llevará a experimentar la profesión desde el lado más iluminado, espera lo mejor y atráelo hacia ti. Ten determinación en ser positiva no tengas dudas de tu capacidad de hacerlo. Has de saber que tú tienes el poder de hacer que todas las cosas sean posibles.

Tu Vida Y Tus Ventas Se Desarrollan Según Tus Intenciones Sobre Ellas.

20 OCTUBRE

¿Quieres obtener éxito de verdad en tus ventas o temes a que el precio a pagar sea muy grande? El éxito para cada persona es distinto y por supuesto el éxito de tus ventas no debe ser lo único que te importe, pero sí debes saber que es fundamentalmente grandioso. Todos tenemos sueños diferentes respeto a lo que queremos obtener tanto de nuestras vidas personales como profesionales, además está demostrado que el éxito material tampoco da la auténtica medida del éxito, por lo tanto solo cuando aspires a obtener el éxito desde el amor, cuando lo des todo desde el corazón, se te devolverá todo el esfuerzo porque progresarás emocionalmente, socialmente, espiritualmente, intelectualmente, económicamente…. el tiempo y el amor que uno aporta a los demás es el auténtico éxito. ¿Te parece un sacrificio muy grande? Debes saber que es un proceso permanente y no una meta que se deba alcanzar.

Decide Cual Es Tu Propio Éxito.

21 OCTUBRE

Considérate un gran vendedor, el mejor, completo, perfecto, íntegro, valioso, exitoso. Eres un vendedor único en el mundo nadie puede vender igual que tú. Nunca te subestimes ni pienses lo peor de ti, no tengas ni el más mínimo concepto de el gran poder que reside en ti, eleva tu pensamiento y sé muy positivo respecto a ti mismo. Si has cometido errores aprende de ellos, perdónate y a continuación avanza hacia delante y hacia lo alto. No vayas por ahí intentando dar pena ni autofustigándote. ¿No te das cuenta que permanecer en este estado no te está ayudando? No eres una víctima de las ventas, más bien eres creador por lo tanto deja el victimismo de lado y comienza a vender aportando lo mejor de ti a todos tus clientes y personas que se acerquen a ti. Cuando vendes pensando en ayudar a los demás con tus productos o servicios el yo queda olvidado. El servicio es un gran sanador un enorme renovador de equilibrio y estabilidad, Así pues averigua qué es lo mejor de ti y ponlo al servicio, si vender es lo mejor que sabes hacer y lo que te apasiona ve adelante y ofrece tus productos de todo corazón.

Soy Un Vendedor Exitoso Y Muy Valioso.

22 OCTUBRE

Tu vida y tus ventas es un reflejo de lo que está en lo más profundo de ti, en tu interior, por lo tanto cuando tu interior está limpio, ordenado, en paz, todo lo que digas, hagas y pienses, estará en armonía. Mientras si por el contrario permanece sucio, lleno de basura, confusión, desorden no podrá quedar oculto, sino que se reflejará en tu vida y en tus ventas. En ocasiones cuando pasas por algún desafío muy grande es simplemente una señal de que tienes mucha basura y está empezando a desbordarse, algunos desafíos no suceden de la noche a la mañana comienzan por oler mal, lo que ocurre es que tú ya te has habituado a ese olor y ya ni siquiera lo hueles, pero los que están a tu alrededor sí y quizás alguien te avise, pero tú continúas sin querer oler.

Cuando venga un cambio habrás de comenzar desde dentro de ti, ir limpiando hasta eliminar todo olor. Observa cómo poco a poco el agradable perfume comenzará a expandirse hacia el exterior, entonces será duradero, es decir, nadie ni nada más será capaz de desequilibrarte. No tienes por qué esperar a que llegue ningún desafío puedes empezar ahora mismo limpiando tu propio estado interno, no hay necesidad de retrasarlo más. Solo siéntate un momento, medita, concéntrate en tu respiración y detecta cómo está tu mundo interno.

Saca La Basura Todos Los Días, Especialmente La Que Guardas En Tu Interior.

23 OCTUBRE

La sonrisa es la clave de las ventas, sé un vendedor de sonrisa iluminada. Sal a vender con gozo y alegría, pon más diversión y risas a tus días. No te digo que salgas a vender con una nariz de payaso ni crees monólogos para vender, ya que lo poco gusta y lo mucho cansa por lo que es muy importante que haya un equilibrio y moderación en tu actitud, debes conseguir disfrutar al máximo de ello. Tal vez pienses que tu trabajo está perfecto y consideres que no necesitas añadirle más azúcar, pero es necesario salir de tu zona de confort y hacer algo totalmente diferente para cambiar el ritmo de tus ventas y que no se conviertan en una monotonía diaria. Comprobarás que una vez lo has hecho venderás con una actitud completamente distinta y serás capaz de vender con un ánimo y gusto nuevo. Tus ventas nunca deberían de ser aburridas, no tienen por qué ser una carga, no estás vendiendo con una pesada mochila que no te permite disfrutar al máximo de tus ventas por lo tanto siente la libertad de vender sin peso alguno ,simplemente sonríe por el verdadero hecho de saber que estás realizando tu propósito a través de tu profesión.

Disfruta De Tus Ventas E Ilumina Tu Entorno Con Tu Sonrisa.

24 OCTUBRE

Cuando todas tus ventas van bien es fácil ser vendedor, pero cuando surgen las dificultades, las malas épocas en las que parece que todo se detiene, tienes la sensación de que los clientes y personas están en contra tuya, en estos momentos es donde se forjan los buenos vendedores por lo tanto aprovecha estás situaciones para hacerte más grande. Cuando muchos otros se cierran, abandonan, no dan la cara, cuando todo parece ir en contra y parece detenerse, sin embargo ese es el momento en el que más tienes que demostrar tu profesionalidad, servicio, integridad, pasión, humildad….. cuando eres capaz de continuar vendiendo con integridad haciendo lo que dijiste que ibas a SER "un gran vendedor" esto es estar a las duras y a las maduras, pase lo que pase debes continuar vendiendo y aportando lo mejor de ti. Esto es lo que te va a diferenciar y lo que te va a hacer que seas el vendedor que viniste a ser aquel, que vencerá por completo y llegará hasta el final. El buen vendedor nunca ser rinde es fuerte y persistente lo intenta por completo una y otra vez porque sabe que una Crisis es simplemente una oportunidad para coger carrerilla.

Ser Un Gran Vendedor Implica Grandes Retos.

25 OCTUBRE

Ya te has dado cuenta de que vivimos en la era digital o era de la información, esto nos lleva a que cada vez tengamos más información a nuestro alcance, las nuevas ideas, conceptos, movimientos cambian el mundo casi a diario, es algo generalizado que nos afecta a todos. En el área de las ventas debemos de adaptarnos por completo y algunos de los requisitos es vender con la mayor transparencia posible, ofrecer el mejor servicio, ayuda y confianza, debes saber que cualquier cliente puede acceder a saber todo de ti, de tu compañía y producto en menos de un minuto. Así mismo nosotros como vendedores también tenemos toda la información a nuestro alcance no solo para poder conocer mejor a nuestros clientes, también podemos aprovecharlas para aprender todas las técnicas necesarias de ventas ya que tenemos libros, documentales, cursos, eventos, audios..... toda la información está al alcance de todos por lo que cuando quieras y donde quieras puedes instruirte. Sabiendo esto, ¿por qué no todos somos unos vendedores excelentes, con resultados maravillosos, utilizamos todo esta información y poder, somos felices y abundantes? No basta solo con estar informado, es la acción la que va a marcar la diferencia y la que te va a permitir crecer y diferenciarte del resto de vendedores porque la información sin acción no es nada por lo tanto:

Si Esta Lectura Te Inspira, Es El Momento De Tomar Acción.

26 OCTUBRE

Tú puedes llegar a tener el éxito que tú quieras en tus ventas, para que esto ocurra tienes que estar dispuesto a ponerte incómodo.

¿Cuántas veces has observado algún artista, deportista, persona que haya logrado algún éxito y después de alcanzar ese nivel se quedan atascados sin progresar más en su carrera? Esto sucede porque entran en una zona de confort, es decir, se esforzaron mucho por llegar a la meta pero una vez alcanzado el éxito se relajan y se mantienen en su comodidad, entonces pierden la motivación que les permitió llegar al éxito porque se piensan que ya lo tienen todo hecho.

Ser un vendedor pachón de sillón es el deporte olímpico de los vendedores mediocres. ¿Qué les ocurre a estos vendedores? Que dejan de progresar, dejan de trabajar, dejan de crear valor a sus días y a sus ventas, por lo tanto si lo que quieres es éxito en tus ventas, no te sientes ni por un momento en ese sillón, y si piensas que ya estás satisfecho con tus resultados es probable que pronto dejes de progresar. Sal a vender todos los días como si fuera el primer día, con la misma ilusión, ganas, actitud, motivación. Cada vez que hagas una venta exitosa, siente esa enorme satisfacción y alegría que te produce y utilízala como trampolín e impúlsate a ir a por más.

Utiliza Tus Éxitos De Ventas Como Trampolín Y No Como Sofá.

27 OCTUBRE

Siempre y en todas circunstancias piensa en positivo, este es uno de los principales objetivos que tienes que mantener siempre presente en tu trabajo, mantén tu conciencia elevada mediante tus pensamientos, elévate ante los problemas y no huyas de ellos conviértete en un solucionado de problemas y a medida que soluciones los problemas de tus clientes mediante tus productos o servicios recibirás abundancia, felicidad y sobre todo tu propósito crecerá de tal manera que podrás amar tu trabajo en la misma medida que él te amará a ti. Piensa siempre en las posibilidades de ser mejor, mejor y mejor. ¿Cómo mejorarte como vendedor profesional, cómo mejorar la vida de tus clientes mediante tus productos o servicios, cómo mejorar tus productos o servicios? Mira tus días y tus ventas como si fueran un arcoíris de colores, observa la belleza que hay detrás de cada visita, cada venta, cada persona con la que te cruzas en el día, disfruta de cada instante, mira cómo el vaso está siempre medio lleno y aumenta tus posibilidades de ir a por más agua.

El Vendedor Mediocre Ve El Vaso Medio Vacío. El Vendedor Positivo Ve El Vaso Medio Lleno, El Buen Vendedor Va En Busca De Más Agua.

28 OCTUBRE

Aprende a ser un vendedor capaz de soportar las contrariedades y no dejarte influenciar por las opiniones de personas que sabes que no te benefician en tu progreso tanto personal como profesional. Tu fortaleza de espíritu debe caracterizarte como un vendedor profesional, fortalecer y cambiar tus creencias que te limitan hacia conseguir tu éxito y objetivos, no te desalientes nunca frente a las dificultades. El camino hacia el éxito es pedregoso, de otra manera todos podrían llegar rápidamente a la cima de las ventas, pero no ocurre así porque no todos los vendedores permanecen dispuestos a recorrer ese camino ya que eso significa estar siempre en el lugar preciso, en el momento justo y haciendo lo que saben que deben hacer. Ser íntegro con lo que dices que vas hacer requiere actuar, hablar y pensar en la frecuencia de tus sueños. Al iniciar un proyecto asegúrate de llevarlo a buen término, pese a las piedras y obstáculos que puedan aparecer, piensa que simplemente son aprendizajes que dan paso a tu crecimiento tanto personal como profesional, mantente firme con todas esas piedras del camino porque tu seguridad y estabilidad residen en tu interior, solo así podrás evitar que las circunstancias externas te afecten y convertirte en un vendedor exitoso y valioso.

Soy Un Vendedor Con Un Profundo Deseo Por Alcanzar El Éxito y Me Pongo En Acción Todos Los Días Para Hacer Ese Deseo Realidad.

29 OCTUBRE

Vive y vende, pero no te olvides de divertirte, tómate la vida y tu profesión como un juego donde todo está ganado, no hay nada que perder solamente recordar y vender. Que tus ventas sean el único plan para tu juego por lo que si algún día el plan no sale como esperabas, no acudas al plan B, este no tiene que existir para ti, tu único plan es vender si no vendes hoy, venderás mañana, aprende a ser paciente y constante esto te mantendrá firme y en congruencia con lo que dijiste que ibas hacer. ¿Crees que Cristóbal Colón cuando le dijeron que era imposible descubrir América desistió? Él estaba seguro de que iba a descubrir América y no paró hasta que lo consiguió, lo mismo ocurre con todos los maestros que han dejado huella en el mundo simplemente fue porque no se rindieron en sus mentes no existía ningún plan B solo y únicamente el A. Es necesario tener un equilibro en todo demasiado trabajo sin diversión hace que tus ventas se vuelvan aburridas y te conviertas en un vendedor poco interesante. Puedes probar a vender de mil maneras diferentes y no necesariamente por aburrimiento, sino porque te des cuenta de que necesitas un cambio. ¿Qué sentido tendrían tus ventas si no disfrutarás de ellas?

Trabaja Duro, Diviértete Vendiendo Y Haz Historia.

30 OCTUBRE

Que tu amor y tu compromiso se extiendan por todos tus clientes, no solo por los que te compran también por los que no te compran o te atienden con desprecio. Conforme eleves tu nivel de conciencia y te mantengas en ese estado te darás cuenta de que no existen los malos ni los buenos clientes, simplemente es el significado que tú les das, ya que el que no te compra puede estar dándote mucho más que el que sí lo hace porque puede estar dándote una lección sobre cómo mejorar, no solo tú, también tu compañía, servicio o productos. Por eso no mires hacia otro lado, aprende hacerte responsable y abrir el corazón a todas las personas con las que mantengas contacto aunque algunas parezcan ir en contra tuya. Analiza y medita las situaciones que te producen rechazo, conflicto, dudas, solo cuando estés dispuesto hacerlo podrás ver las oportunidades y maravillas que se esconden detrás de ellas, esto te permitirá sacar todo tu potencial para resolver cualquier situación, mirarla con otros ojos para que la próxima ocasión la venta se produzca sin mayor resistencia.

El Control De Tu Consciencia Determina La Calidad De Tus Ventas.

31 OCTUBRE

Enamorarte de tus productos y servicios. Tienes que tener un amor incondicional por tus ventas, tan profundo tiene que ser este amor que así lo transmitas a la hora de vender. Así como a un agricultor ama el campo y se habla de su huerto, su cosecha, la tierra, sus plantas, sus árboles…. Es tanta la pasión y el amor que siente por lo que hace que lo transmite de tal forma que a ti te dan ganas de ponerte a cultivar. Imagina un panadero cuando te habla de su pan, su masa, sus ingredientes, temperatura del horno, sabor del pan, textura…. solo con escucharlo te entran unas ganas enormes de probar su pan e incluso de ser panadero. Lo mismo tienes que hacer tu con tus ventas, apasionarte por tus productos hablar de ellos con la mima pasión que un agricultor por su campo o un panadero por su pan. Si consIgues transmitir esto a tus clientes la venta estará prácticamente hecha.

**La Única Manera De Hacer Un Buen Trabajo
Es Amar Lo Que Haces.**

-STEVE JOBS-

NOVIEMBRE

1 NOVIEMBRE

Todo en el universo es energía, por lo que tus ventas y resultados también forman parte de una totalidad perfecta. Lo que vendes, lo que dices, lo que haces también forman parte de la misma. Si no te gusta algo de ellas puedes cambiarlo ¿cómo? Cambiando la vibración que estás emitiendo, haciendo y pensando en tus ventas de forma diferente. No te limites, los límites solo están en tu mente ya que el universo y sus posibilidades son infinitas. Siéntete crecer y expandirte, aprendiendo y vendiendo cada vez más. Aumenta tu nivel de conciencia, mantén el espíritu ganador que te permitirá tomar acción, saltar sin temor hacia el logro de cualquier objetivo que te propongas con auténtica energía y pasión por tu profesión. Vender todos los días del mismo modo, hacer de tu discurso de ventas un disco rayado no te permitirá realizarte como un vendedor exitoso por lo tanto la decisión tiene que ser tuya, tienes que decidir avanzar por el camino de tus ventas de la mejor forma que tú creas conveniente siendo consciente de que si lo que quieres es llevar tus ventas hacia lo más alto, debes dar algunos pasos y tomar caminos diferentes a los que venias tomando. No malgastes más tiempo pensando, dando vueltas a la misma rotonda sal de ella por el primer camino que encuentres y contempla cómo las posibilidades de ventas se abren en el presente.

El Tipo De Energía Que Estás Emitiendo Va A Ser La Que Realice Tus Más Grandes Pedidos Al Catálogo Del Universo.

2 NOVIEMBRE

Quizás te preguntes: ¿Cuándo conseguiré tener mucho éxito en mi vida y en mis ventas? Harás de ti, de tus ventas y de tu vida algo maravilloso cuando primero logres pensar en ello con auténtica claridad. Tienes que aprender a tener un equilibrio en lo que piensas, dices y haces, tanto para tu vida como para tus ventas "Piensa, vende y ama". Piensa en lo que quieres conseguir y no imagines otras posibilidades no pienses en nada más. Gobierna tu mente y hazle saber que a partir de ahora mandas tú para que mantenga con firmeza el pensamiento creador original. Cuando tus pensamientos sean firmes sobre la clase de vendedor que deseas SER, comienza a hablar como si ya fuera real. Decrétalo en voz alta, utiliza el gran poder que tiene la afirmación YO SOY y a continuación añade lo que has dicho que vas a ser. Afírmalo a todo el mundo aunque aún no sea real, no importa solamente con decretarlo estás activando la energía universal que todo lo puede y está detectará inmediatamente en cualquier lugar, las oportunidades y experiencias necesaria para que se haga real. El universo responde al YO SOY como un genio en una botella.

Desde Niño Frotando La Lámpara Sin Darte Cuenta Que El Genio Eres Tú.

3 NOVIEMBRE

Canaliza todos tus pensamientos que tengas sobre las ventas, verifica que todos ellos sean positivos. Gobierna sobre ellos no es tan fácil como parece como tampoco lo es ganar una medalla de oro olímpica es cuestión de proponérselo y de disciplina. Debes ser un observador de tus pensamientos, pensar en lo que piensas y cuando te sorprendas a ti mismo teniendo pensamientos negativos sobre tus ventas y todo lo relacionado con ellas, incluyéndote a ti mismo, pensamiento que niegue el gran vendedor que estás destinado a ser, cámbialo por lo que sí quieres SER. Hazte consciente de que es un trabajo diario, igual que el que se entrena para ir a unas olimpiadas así debes entrenar tu mente y debes hacerlo literalmente. Piensa en el tiempo que llevas dejando tus pensamientos circular por tu mente como Pedro por su casa, llevándote a las situaciones donde más cómodo se siente porque su misión no es otra que protegerte y cuando ve que quieres salirte de la zona de confort, detecta peligro y es cuando comienzan las resistencias. Por eso te digo que cuando te sientas abatido, cansado, desanimado, cuando pienses que de tu visita no va salir nada bueno, piensa otra vez. Haz de esto más que un entrenamiento continuo, un hábito.

¡Fíjate en lo bien habituado que estás en no hacerlo!

Gobierna Tu Mente O Ella Te Gobernará A Ti.

-HORACIO-

4 NOVIEMBRE

Puedes llegar a tener éxito en tus ventas tú solo, pero si lo que deseas es un triunfo permanente te sugiero que busques un equipo de vendedores con valores, comprometidos, positivos, alegres, puede que ya tengas compañeros en tu propia compañía, observa qué tipo de vendedores son y si podéis apoyaros e impulsaros los unos a los otros para seguir creciendo. Nada de victimismo, nada de juicios, nada de penas…. toda vuestra energía tiene que ir enfocada en vender cada día más, aprender a ser cada día mejor, mejor y mejor no solo en las ventas, en todos los sentidos. El poder definitivo está en la fuerza de un equipo maestro, un equipo en el que poder apoyaros, comentar, reinventar técnicas nuevas que os permitirá llegar más lejos. La conciencia individual es bastante poderosa, pero cuando dos o más personas se reúnen bajo un mismo fin, ¿puedes imaginar el gran poder y fuerza de energía que se puede llegar a crear? Además, participar en un equipo te obliga a esforzarte, progresar, la presencia y logros de los demás compañeros consiguen inspirarte y retarte, hacer cosas que no haríamos por nosotros mismos, aprender cosas de los demás que no sabíamos, elevarte hacia lo más alto con ellos especialmente en los días en los que la inercia te tire hacia bajo. Rodéate de vendedores que no se conformen con menos de lo que pueden llegar a ser, hacer y vender es uno de los regalos más grandes que puedes hacerte para el logro de tus objetivos.

El Talento Único Hace Clientes, Pero El Trabajo En Equipo Y La Inteligencia Fidelizan.

5 NOVIEMBRE

Todo lo que haces en el proceso de una venta es importante, desde tu imagen, presentación, hasta el cierre, el servicio de entrega, todo tiene una causa y un efecto nada sucede por casualidad, no existe la casualidad en el universo. Todo ayuda o perjudica y depende de ti hacerlo de la mejor manera. Comenzando por tus pensamientos, tu imagen, la emoción que le pongas, las palabras que utilices. La emoción es energía en movimiento cuando se mueve energía se crea un efecto por lo que si se mueve la energía suficiente se crea la materia. Si puedes conseguir manipular lo suficiente esta energía para que actúe a tu favor obtendrás los resultados deseados, para ello cuando procedas a realizar una visita a un cliente intenta mantenerte en un control absoluto de pensamientos positivos estos generaran la emoción y energía necesaria para crear el efecto deseado. El pensamiento es energía pura por lo que cualquier pensamiento que tengas sobre la situación, hayas tenido o vayas a tener es creador. La energía de tus pensamientos nunca muere por lo tanto mantente siempre bajo el control de tus pensamientos y procura que estos siempre sean positivos, porque un pensamiento es para siempre.

Si Quieres Recibir El Efecto Deseado En Tus Ventas, Debes Centrarte En Las Causas Que Lo Provocan.

6 NOVIEMBRE

Ten previsto que en el comienzo de cualquier reunión los clientes no suelen estar muy receptivos, esto es normal, ya que es una forma de autodefensa hacia los miles de mensajes comerciales que reciben diariamente. No pierdas tu esencia, ni bajes tu nivel de energía. Puedes agradecerle al cliente su tiempo y decirle que no vas a venderle nada en ese momento, simplemente vas a mostrarle algo que está mejorando la vida de otras personas, tu obligación y deber moral es mostrárselo para que él también pueda beneficiarse de ello. Hazle saber que él tiene libre albedrío para decidir si quiere comprar o no, es decir, déjale muy claro que la decisión de compra siempre va a ser suya. A las personas nos encanta comprar, pero no que nos vendan. Cuando declaras que un gran número de personas ya están beneficiándose de tu producto y además creas un impacto positivo con tu imagen, presencia, amor y pasión que le pongas a tu presentación, estarás creando un alto grado de expectativas positivas desde el primer momento, despertando la curiosidad del cliente por querer saber más.

No Vendas, Consigue Que Te Compren.

7 NOVIEMBRE

La era industrial ya terminó, estamos en la era digital, donde las nuevas tecnologías e internet nos arrastran hacia grandes cambios y transformaciones, esto hace que en el mundo de las ventas tengamos que sumarnos y aprender una nueva forma de vender. Para poder adaptarnos debemos de entender que algo que funcionaba bien ayer no significa que sirva para hoy, por este motivo has de adaptarte lo antes posible al cambio y estar abierto a todo tipo de aprendizajes. Es más fácil decirlo que hacerlo, especialmente cuando te crees que tienes las ventas seguras, para ello debes hacer que esa seguridad resida en ti y no en una situación de venta, persona o empresa, porque lo que hoy está aquí quizás mañana ya no esté o lo que te sirva hoy quizás mañana ya no te sirva. Pero si tú eres un vendedor de los cuales se adaptan a los cambios rápido, aprendes, tomas acción todos los días, entonces sabrás vender siempre y adaptarte a cualquier situación, lo que hará que no tengas por qué depender de nadie porque podrás vender cualquier cosa. No temas a los cambios, deja que vengan e intenta aprender todo lo que puedas para crecer y expandirte con el mundo.

No Es El Vendedor Más Fuerte El Que Sobrevive, Ni El Más Seguro, Sino El Que Responde Mejor Al Cambio.

8 NOVIEMBRE

Si pierdes un cliente ten por seguro que no solo pierdes ese cliente, pierdes más porque este cliente dará sus referencias sobre ti a todo aquel que le pregunte. Si te encuentras en esta situación en la que te es difícil amar y mantener un cliente, recuerda que siempre hay algo que puedes hacer si así lo decides. Quizás no puedas ni debas retener a nadie como tampoco puedes decidir por nadie, pero puedes hacer algo que está en tus manos y es algo tan sencillo como sentarte, meditar la situación y encontrar la verdad hasta sentir que todo es perfecto, que quizás hay algo importante que aprender de la situación, nada sucede por casualidad ni siquiera que estés ahora leyendo este texto, siempre hay una buena razón para todo lo que estés haciendo. Hasta que no aprendas a calmar tu mente, cambiar de actitud, amarte y amar todo lo que te rodea, incluso ese cliente que ya no te quiere comprar, continuarás repitiendo la misma situación hasta que aprendas la lección. En cuanto aprendas mirar las cosas desde el corazón, pasarás a vivir tus ventas y tu vida de una manera muy distinta. Por lo tanto comienza por agradecer siempre a tus clientes incluso al que ya no te compra.

A Veces Se Vende, A Veces Se Pierde La Venta, Pero Siempre Se Aprende.

9 NOVIEMBRE

Que tus objetivos de ventas sean altos, muy altos. No te mantengas en una mente limitada, no temas a no poder conseguirlo tienes el poder de poder conseguir cualquier cosa que te propongas. En ocasiones no nos marcamos metas más altas por miedo a fracasar o porque no nos creemos merecedores de ello. Mantén tu conciencia elevada y sal a vender todos los días con la motivación y energía de cuando eras niño, no esperes tener los mejores resultados sino das todo lo mejor de ti, pero si por el contrario creas el hábito de hacerlo y comienzas a atravesar todas las barreras que intentan detenerte te aseguro que obtendrás muchos más resultados de los esperados. Deja todas tus limitaciones a un lado, abandona todos los malos hábitos que no te permiten crecer, niégate a contemplar el fracaso durante siquiera un segundo. Solo has de saber que SÍ SE PUEDE, se puede tener éxito y lo tendrás no solo en tus ventas, también en tu vida.

Si Se Quiere Vender Más, Se Puede Vender Más.

Lo Demás Son Excusas.

10 NOVIEMBRE

Cada vendedor puede elegir su propio camino hacia sus ventas. ¿Cuál decides tú, el camino largo y pedregoso o el camino fácil? La mayoría de personas escogen el camino fácil, pero no se dan cuenta de que eso es pan para hoy hambre para mañana. Todas las cosas tienen un proceso, por lo que no intentes plantar hoy una semilla y obtener mañana el fruto. Esto es algo que vivimos a diario es decir queremos ver una peli la tenemos ya, queremos escuchar una canción la tenemos ya, queremos sexo lo tenemos ya, nos entra hambre tenemos comida rápida...... esto no es un juicio ya que no exista nada que este bien o mal, simplemente es lo que le sirve o no le sirve a cada uno dependiendo de su propia evolución. Pero lo que sí es cierto es que en el área de las ventas debemos tener persistencia, pero sin presión es decir la venta no siempre va a ser inmediata ya que en muchas ocasiones el cliente necesita de un proceso en el cual pueda tomar referencias, obtener la confianza y seguridad suficiente como para saber que está tomando la mejor decisión. Aprende a no precipitarte, mantener la calma y respetar el proceso, mostrándole al cliente que estás ahí para cuando te necesite.

El Camino Más Largo Y Pedregoso Es El Que Te Preparará Para Tener Más Éxito En Tus Ventas.

11 NOVIEMBRE

Abre tu mente y tu corazón recuerda que el mundo de las ventas es un aprendizaje continuo y que para seguir el camino de las ventas debes tener presente que por mucho que aprendas nunca será suficiente, ahí es donde está la humildad de reconocer que no sabes nada, por lo tanto no le temas a lo nuevo, extraño o no convencional. Sigue a tu intuición e inspiración, la sabiduría intelectual en ocasiones puede suponer un obstáculo para aceptar la espiritualidad en las ventas, puede ser una piedra en el camino que te impida ver la verdad, pero debes saber que la sabiduría intelectual procede del exterior, mientras que la intuición e inspiración proceden del interior por lo que son auténticas ya que no pueden ser manipuladas por nada del exterior. Permítete sentir y deja que tu aprendizaje venga de tu interior, te asombrarás lo ilimitado que puedes llegar a ser y todo lo que tu interior contiene.

Tus Ventas No Tienen Límite, Los Límites Los Pones Tú.

12 NOVIEMBRE

Los vendedores son personas de gran calidad humana ya que se pasan el día hablando e interactuando con todo tipo de personas. Por este motivo es importante cuidar tu crecimiento en las tres áreas ventas/crecimiento personal/espiritual ya que es lo que va a marcar la diferencia del resto de vendedores y realmente es cuando podrás disfrutar de la profesión, ser feliz vendiendo, transmitir esa pasión a los clientes, atenderles dando lo mejor de ti, un buen servicio basado en los mismos valores, los cuales tú practicas diariamente. No puedes dar lo que no tienes, ni pretender recibir lo que no das, conviértete en el vendedor por el que te gustaría ser atendido en cualquier momento o lugar. Aprende a utilizar todo tu crecimiento y sabiduría para la expansión y mejora de todo el conjunto.

Cuando Uno Entra En Este Negocio Puede Vivir De Él, Pero Cuando El Negocio Entra En Uno Puede Darse La Gran Vida.

-BRYAN TRACY-

13 NOVIEMBRE

Ámate, ama tus productos o servicios, ama a tus clientes…. Pero ama de todo corazón deja que ese amor fluya de ti libremente solo de este modo puedes hacer que de que tus ventas salga lo mejor. Nunca tengas miedo de mostrar tu amor, no selecciones a qué clientes vas a amar, ama a todos por igual desde el cliente más pequeño al cliente más potencial, contra más compartas ese amor más crecerá y volverá a ti multiplicado.

Cada venta llevada con amor en tu corazón, logrará acercarte más a tus clientes. Cuando amas, te preocupas por ayudar a tus clientes, creas una preferencia hacia ti y eso hará que te compren. Puede sonar cursi, pero debes entender que el amor tanto para tu vida como para tus ventas es lo único que es real, es la única emoción auténtica ya que proviene de nuestro poder creador.

El Amor Te Permite Hacer Clientes, Los Clientes Te Permiten Hacer Ventas.

14 NOVIEMBRE

No existen las limitaciones, estas solo están en tu mente, por lo tanto reconoce que tienes la capacidad de conseguir el objetivo definido de tus ventas, esto requiere ser persistente y perseverante hasta lograrlo, espera lo mejor y no te conformes con menos, aquí y ahora promete actuar de este modo. Comienza por pensar, ser, hacer y actuar como el vendedor que te gustaría llegar a ser, tienes que jugar este papel pues este será para ti cuando todo tu esfuerzo y confianza estén en el deseo práctico de convertirte en ello. Hasta ahora puede que no lo hayas conseguido porque quizás no te hayas definido, puede que te hayas dejado influenciar por etiquetas o cosas impuestas por los demás, pero es hora de que te "tú te digas quien eres" y comiences a actuar en consecuencia. Debes saber que cualquier deseo que mantengas con persistencia buscara expresarse a través de la práctica para lograr el objetivo, por lo tanto dedica tiempo a exigirte y ganar confianza en ti mismo. Date cuenta de que tú puedes ser y hacer cualquier cosa y si ello implica ser un gran vendedor lo serás. Pero nada quedará hecho a menos que te lo propongas y lo hagas. Dedica todo tu tiempo y energía, trabaja con y a favor de las leyes universales, para que nada pueda detenerte y todo fluya con armonía.

Tú Tienes El Poder De Ser El Vendedor Que Quieras Ser.

15 NOVIEMBRE

No hay ventas, ni abundancia, ni posición que perdure en el tiempo al menos que no venga de una base leal y justa, por lo tanto aprende a vender con sabiduría es decir no te involucres en ninguna venta que no beneficie a todos los implicados y mejore a todo el conjunto. Tu éxito te será recompensado en la misma medida de cooperación que tú tengas con los demás o lo que es lo mismo: según sirvas a los demás serás servido. Una actitud negativa hacia las personas nunca te dará el verdadero éxito por lo tanto deja a tras el odio, la envidia, los celos, egoísmo, cinismo..... fomenta amor a toda la humanidad a través de ti, de tus productos o servicios. Mantente firme en dichas convicciones, crea confianza en ti mismo y expándela hacia tus clientes, cree en ellos y ellos creerán en ti. Nunca dejes de creer, crecer y sonreír a la vida y a tus ventas porque esta actitud y comportamiento harán que atraigas mayor alegría en todo lo que hagas. Ten fe, la fe es algo más que quedarte sentado es ir más allá de ser un vendedor de sofá por eso repite esta fórmula durante el día de hoy una y otra vez para mantener influencia sobre tus pensamientos y acciones, esto hará que mantengas la confianza en ti y te impulse a vender más y mejor.

La Fe No Hace Las Ventas Sencillas, Las Hace Posibles.

16 NOVIEMBRE

Celebra tus éxitos, celebra cada venta que hagas, no es necesario que montes una fiesta, pero sí puedes darte una palmadita, un abrazo o un beso por lo bien que has hecho tu trabajo. Reconocer todas las cosas buenas que haces durante el día es valorarte, esto hará que reconozcas tu grandeza y que tu autoestima crezca. ¿Cuántas veces te has castigado pensando lo mal que haces las cosas, lo melón o ciruelo que eres cuando no logras algo a la primera? Sin embargo no pensamos en las miles de cosas que hacemos bien, ni nos felicitamos por ello, es decir, potenciamos lo malo y no reconocemos los bueno que tenemos, simplemente lo vemos como normal. Solo por hoy prueba a felicitarte por todas las cosas que hagas bien y a continuación siente la emoción que despierta en ti, no tienes por qué esperar a que nadie te reconozca, ni reconozca tus logros. Tú no vendes por ellos, vendes por ti. Por qué esperar nada del exterior cuando todo tu poder esta en ti. No solo te digo que lo celebres, prueba también a compartir tus éxitos no para que te feliciten sino para motivar a los demás y transmitirles que ¡SÍ SE PUEDE! Cuando haces esto estás creando una vibración que genera que atraigas más éxitos. Cultivemos el hábito de contar los éxitos y no los fracasos o malas noticias.

El Éxito Engendra Éxito.

Las Ventas Engendran Ventas.

17 NOVIEMBRE

Vas conduciendo y de repente piensas en un cliente, piensas en llamarle, en la oferta que le mandaste, en pasar a visitarle, saber cómo está, mostrarle tu nuevo producto...... ¡hazlo! En estos casos debes aprender a tomar acción inmediata ya que estas son inspiraciones que provienen del alma, es el universo comunicándote que lo hagas, el universo se comunica con nosotros a través de las experiencias, pensamientos, sentimientos, palabras, lo hace todo el rato, pero ¿quién le escucha? Los pensamientos más elevados son cosas que ya son, no puedes pensar una cosa que no existe, es una energía que ya se ha creado. Si tú no prestas atención a las señales y pasas a tomar acción en ese mismo momento esta señal será mandada inmediatamente a otra persona, a la siguiente de la lista, lo que quiere decir que si tú no vendes otros venderán por ti. No pases por alto estás oportunidades por pereza, miedo, desconfianza, esto es lo que les suele ocurrir a la mayoría de vendedores, pero tú ya eres consciente de dónde vienen estos pensamientos y si dudas, ¡pregúntate! ¿Qué es lo peor que me puede pasar? Y ¿qué es lo mejor que me puede pasar? A continuación actúa en armonía con tu inspiración y observa todas las maravillas que se manifiestan a través de ella.

No Vendas Mañana Lo Que Puedas Vender Hoy.

18 NOVIEMBRE

El universo es como una gran impresora, todo lo que piensas absolutamente todo se imprime y se manifiesta en tu mundo real. Por eso es muy importante que todos tus pensamientos sean en positivo, que todo lo que pienses en especial lo que esté relacionado con el área de tus ventas sea en positivo. Así mismo debes amar, principalmente a ti es decir que debes ponerte siempre en primer lugar, amarte por encima de todo, tú eres la única persona con la que vas a pasar el resto de tu vida, las demás personas irán y vendrán, clientes, compañeros, jefes, amigos, pareja….. solo tú te quedarás, lo único que te acompañará es tu alma y tus pensamientos por eso es importante que te ames y cuides especialmente en estos puntos. Cuando tu corazón esté cubierto de amor y gratitud simplemente por el hecho de estar vivo, por hacer de tus ventas tu pasión, por estar donde estás, mirar con otros ojos hasta lograr ver como todo lo que sucede es por y para ti, no conocerás enemigos, podrás amar a tus productos y con el mismo amor y pasión los ofrecerás, de igual modo amarás a tus clientes y los apreciarás al máximo así como ayudarás con tus productos o servicios a todo aquel que se acerque a ti. Solo hay dos formas de vender, desde el amor o desde el miedo, tú eliges; debes saber que es igual de costoso, pero que los resultados no son los mismos.

Vende Con El Corazón Y El Universo Se Encargará Del Resto.

19 NOVIEMBRE

Todo en la vida es una venta es decir todos tenemos algo que vender…. una idea, un proyecto, un aumento, la educación de los hijos, un plato de comida. Todo lo que tienes es para vender, pero debes poner lo prioritario en primer lugar. Tómate tu tiempo y piensa que si la vida es venta, vender tienen que ser lo prioritario para ti. ¿Qué es lo que quieres vender y cómo? Sé franco y honesto; ¿significa vender para ti más que ninguna otra cosa o te inclinas a hacerlo únicamente cuando a ti te parece o te viene bien? Si es así es porque no lo acabas de comprender, por lo tanto no lo estás poniendo como prioritario ni en primer lugar. Solo cuando entiendas que la vida es venta y que no se trata solo de una profesión lo pondrás en primer lugar, lo harás libremente sin que esa entrega sea temerosa. Cuando das servicio y atiendes de todo corazón a todo lo que ocurra en tu vida estarás usando tus dones para ponerlos al servicio de los demás. Solo entonces dios podrá obrar con libertad a través de ti, convirtiéndote en un gran vendedor y por añadidura obtendrás abundancia en tu vida.

Todo Lo Que Dices, Tienes O Haces… Es Vender.

20 NOVIEMBRE

¿Recuerdas cuando estabas aprendiendo a conducir? Al principio estabas pendiente de todos los detalles, tu atención e intención se mantenían presentes en todo momento. Esto mismo ocurre la primera vez que sales a vender, sales con los cinco sentidos puestos, atento a todo lo que pueda ocurrir, aprovechas cualquier situación para vender y aprender, cometes errores, pero continúas adelante hasta dominar el arte de vender es decir que poco a poco lo vas integrando hasta que lo haces automáticamente y sin pensar vas vendiendo como un robot. Pero llega el día en que tus días se convierten en pura rutina, cuando te ocurra esto y sobre todo si dejas de divertirte cambia el chip, no permitas que el aburrimiento, comodidad, rutina, estancamiento entren en tus ventas, porque si llegas a este punto no estarás viviendo, no estarás creciendo por lo que: ¡más que ganarte la vida, estarás ganándote la muerte! En este caso reinvéntate, busca algo diferente para hacer, sal de la misma rotonda de siempre, dirígete hacia otro lugar, cambia tu enfoque, comienza vender como el primer día, recupera esa ilusión, no te quedes en una mente condicionada por todo lo que has hecho ya. Cuando el camino se te haga cuesta arriba, no importa nada de lo que ya hayas hecho, deja la lástima y compasión a un lado, sigue adelante, no te rindas los tramos amargos pasan, aprende de cada experiencia, y muestra una actitud positiva.

No Vendas Películas Viejas. El Pasado Bueno O Malo Ya Está Pasado, Mira Siempre Para Adelante.

21 NOVIEMBRE

¿Estás vendiendo por elección o por obligación? La claridad es el primer paso para el éxito. ¡Escúchate! En ocasiones te escuchas, pero no te oyes y cuando oyes algo, pero ese algo no es a ti, te crees lo que estás oyendo, y cuando crees que te estás oyendo no confías en lo que estás oyendo. Haz lo que deseas esta vida es muy corta para andar vendiendo sin deseo y motivación alguna. ¿Quieres seguir vendiendo a partir de ahora? Es mucho lo que queda por vender por lo que debes estar preparado para cualquier cosa que pueda ocurrir, si lo que deseas de corazón es vender más, te invito a revisar tus acciones, que seas honesto contigo mismo y observes si has estado más profundamente entregado a tu vida o a tus ventas, es decir, que quizás le hayas puesto menos atención a tus ventas y este es un tiempo en el cual habrías vendido más si realmente le hubieras dedicado más. Puedes dedicarte a ello ahora mismo y ser el mejor vendedor del mundo si así lo deseas y eliges, pero continuamente estás cambiando de opinión, recuerda estar siempre en coherencia, lo que significa que la decisión que tomes hoy debe de ser la elección que tomes mañana. Cada vez que elijas ser un gran vendedor, elige siempre lo mismo una y otra vez hasta que se manifieste en tu realidad.

Sé Firme, Tus Palabras Hablan De Tu Forma De Vender, Tus Acciones Hablan De Qué Clase De Vendedor Eres En Verdad.

22 NOVIEMBRE

Mantente preparado y estate dispuesto a asumir responsabilidades. Ser un gran vendedor no es para holgazanes ni para personas con temor de asumir responsabilidades. En el área de las ventas encontrarás grandes vendedores con los que rivalizarás, pero no temas ya que no es una lucha, ni una pelea, no se trata de pelear, pero sí debes estar preparado si lo que deseas es ser un gran vendedor. Esto requieres de fuerza, valentía, dedicación, así como el amor y la fe absoluta deben ser para ti unas creencias inquebrantables. Ser vendedor es una aventura especialmente maravillosa por lo tanto se requiere de un espíritu aventurero para entrar a vender y formar parte de la misma. Mantener tus ojos siempre abiertos es una de las cosas que puede hacer destacarte entre los vendedores que por el contrario andan a ciegas y son incapaces de ver más allá de sus técnicas de ventas, permanecen ignorantes a observar y ver más que números, clientes, dinero y negocio. Si no estás despierto podrías pasar por alto muchas oportunidades las cuales permanecen enfrente de ti o incluso dentro de ti. Mantente consciente de toda la belleza y oportunidades que se te presentan a través de todas las personas, situaciones y cosas que te rodean, observa cómo crece esa conciencia y cómo puedes ayudar y hacer de tu profesión tu pasión. No habrá ni un solo momento aburrido en tus ventas, no darás nada por hecho, más bien agradecerás todo de antemano y la gratitud te abrirá las puertas para que cada vez entren más y más ventas a tu vida.

Despierta A Tus Ventas.

23 NOVIEMBRE

Vender no es una preocupación, más bien es una obligación, ya que en todo momento estás vendiendo algo, en todo momento estás negociando, si no es con alguien es contigo mismo, esto es algo inevitable, lo que te lleva a determinar que te guste o no siempre estás vendiendo o estás mal vendiendo. Utiliza las ventas a tu favor y a favor del conjunto, vende desde el amor, aportando, ayudado y dando lo mejor de ti no solo a los demás, sino principalmente a ti mismo. Debes estar a rebosar de amor tanto que no te quede más remedio que expandirlo a través de tus ventas, es decir que si en todo momento estamos negociando y permanecemos repletos de amor en todo momento estaremos vendiendo desde el amor. Si tú sabes que tus productos, servicios, persona es realmente bueno, funciona y puede ayudar a las personas, tu obligación es venderlo desde el amor sin crear necesidades, ni preocupaciones. No te sumes a esos vendedores los cuales se prestan a vender porque piensan que las ventas les van a dar algo para comer o es lo único que hay ya que es pan para hoy hambre para mañana, esto es mal vender para ello debes entender que los valores deben de mantenerse siempre por encima de las necesidades.

Vender No Es Una Preocupación Es Una Obligación.

24 NOVIEMBRE

¿Crees en la magia? No aceptes las limitaciones en el área de tus ventas, conéctate a tu fuente divina y siente expandirte en conciencia día tras día. Observa la magia que se despliega en ti y ante ti en cada momento, en cada lugar, en cada cliente, visita, en el cielo, la lluvia, la sonrisa de un cliente satisfecho, el saludo de cada persona con la que te cruzas…. mantente plenamente observante ante todas las maravillas que te rodean, esto te permitirá obtener pensamientos positivos en cada cosa que realices, te permitirá mantenerte en una vibración alta la que hará que atraigas hacia ti cosas, oportunidades, personas adecuadas que permanezcan en el mismo tipo de vibración. Nada puede salir mal si te mantienes firme ante estos principios. No tenemos una varita mágica, ni somos Harry Potter para poder hacer que nuestros pedidos de ventas se multipliquen de la noche a la mañana, pero sí tenemos un gran poder interior el cual nos permite hacer realidad todo lo que queramos, el poder de los PENSAMIENTOS, PALABRAS Y OBRA. Si aprendes a gestionar tus emociones mediante estas tres herramientas de creación, podrás ver magia no solo en tu vida, también en tus ventas.

Magia Es Ver A Tus Clientes Sonreír, Es Ser Un Vendedor De Sonrisa Iluminada.

25 NOVIEMBRE

¿Cómo llevas la sonrisa hoy? Ser un vendedor de sonrisa iluminada es llevar contigo una sonrisa puesta en tu cara y en tu corazón, es llevar una frase positiva generada con el objetivo de mantener en la mente un lenguaje creador de buena voluntad. Ten en cuenta que la palabra es el pensamiento hablado y los pensamientos son cosas por lo tanto debemos de generar hábitos en los que introduzcamos palabras positivas a nuestro lenguaje diario. Debes mantener el equilibro entre cuerpo, alma y mente solo así podrás dar lo mejor de ti. Este proceso es similar al de un reloj con todas sus piezas, todas son necesarias para que el reloj marque la hora de forma correcta. Si tú generas sonrisas y felicidad esto es lo que transmitirás a tus clientes ten en cuenta que todas las personas anhelan ser felices y amadas, puedes ser tú el que les proporcione ese momento de felicidad, no solo con tus productos o servicios, también con tu presencia. Cuando observes que un cliente genera algún tipo de comentario negativo tipo como "aquí voy peleando" cámbiale inmediatamente el foco, llévalo hacia algo positivo, hazle sentir alegre. Cuando sientes que confían y cuentan contigo comienzas a crecer como vendedor, florecer e impulsarte a ofrecer lo mejor de ti.

La Sonrisa Es El Idioma De Los Vendedores.

26 NOVIEMBRE

¿No tienes nada que celebrar? Estás vivo. ¿Te parece eso poco éxito? Debes crear el hábito de contar los éxitos por pequeños que te parezcan, piensa que pasas los días rodeado de información negativa, malas noticias, todas ellas van creando un mundo hostil en el que te es cada vez más difícil creer y celebrar tus propios éxitos, hasta el punto en el que puedes llegar a sentirte mal si lo haces, porque piensas que si todo está tan mal como vas a ir tu a contar lo bien que te va, esto crea el temor de expresar la felicidad y alegría por no hacer sentir mal a alguien, por no crear envidias, porque no hablen de ti, por no ofender….. etc., mil historias que no generan nada positivo y te llevan a vivir cada vez más triste y apagado. Pero hay una forma de cambiar esto y lo mejor es que es sencillo y depende de ti…. para ello debes fomentar el hábito de contar tus logros y objetivos cumplidos por pequeños que sean, no con el objetivo de hacer sentir mal a nadie, sino de impulsarnos de transmitir posibilidad, hacer saber a todo aquel que se acerque a ti que si se pueden lograr los objetivos, que sí que existen los éxitos en el mundo, y que si tú has podido él también puede, solo es cuestión de proponérselo y trabajar para ello, todos tenemos un gran potencial, una magia y fuerza interior que podemos utilizar para conseguir los sueños, solo tenemos que despertarla y potenciarla, ser constante. Aparta de tu vida las malas noticias y haz crecer cada vez más las buenas noticias.

Celebra Cada Venta Y Así Habrá Más Ventas Que Celebrar.

27 NOVIEMBRE

Si tú te encuentras bien esto se va a transmitir a tus clientes pudiendo dar el cien por cien de ti. Mantente siempre en coherencia con lo que piensas, dices y haces, esto te permitirá llevar un equilibrio el cual te mantendrá feliz, alegre, fuerte y sano. Si acabas de iniciarte en el mundo de las ventas o tus ventas son un desastre y no sabes por dónde empezar, comienza por la salud, debes mantenerte en forma, es decir, tu interior como exterior debe de estar sano para ello debes comer e hidratarte bien, un vendedor necesita mantenerse saludable para poder transmitir, servir y dar lo mejor a los clientes. Tu principal herramienta eres tú y si tú no te mantienes sano esto va a repercutir en tus ventas porque no puedes dar lo que no tienes. Hazte responsable de ti, ámate, respétate, cuídate, escúchate, tu cuerpo y tu vida te están hablando constantemente, en ocasiones los oyes, pero no los escuchas y lo peor de todo es que no los atiendes. Si tú no te paras a escucharte el cuerpo te parará y en lugar de preguntarte el para qué, lo volverás a dormir, lo callarás inyectando sobredosis de medicamentos que no permiten atender la necesidad. Es como si vas a un cliente y en el momento en el que te va a contar su problema, vas y le metes un esparadrapo con formol en la boca, pueden ocurrir dos cosas: que se calle y se duerma o que se muera asfixiado y que pierdas la venta. Esto es lo que haces con tu cuerpo y clientes cuando no los atiendes correctamente.

La Herramienta Más Importante De Un Vendedor Es La Que Llevas Contigo Cada Día.

"Tú"

28 NOVIEMBRE

Regla número uno de los negocios: llama a los clientes por su nombre, el nombre de una persona es música para el alma. Lo primero que nos identifica incluso antes de nacer es nuestro nombre, es una de las cosas que primero escuchamos de nuestros seres más queridos incluso antes de nacer y es una de las palabras más escuchadas en nuestra vida. Por lo que si llamas a los clientes por su nombre los harás sentir importantes y además generarás un clima de cercanía y confianza. Si te cuesta memorizar los nombres un buen truco es: repetir el nombre del cliente en el transcurso de la conversación, al principio de la presentación cuando el cliente te diga su nombre repítelo, "un placer señor.....", entre medias de la conversación, y al final "encantado señor....". Asocia su nombre con algún conocido, objeto, situación.... lo importante es que la próxima vez que te encuentres con el puedas hacerlo sentir importante. Ahora piensa en cuando una persona que no te conoce y hace tiempo que no ves se acuerda de tu nombre. ¿Qué sientes? ¿Recuerdas cuando en los botes de Coca-Cola encontrabas tu nombre escrito, cómo te sentías? Esto te confirma que el nombre es un buen modo de empatizar con los clientes.

El Nombre Es Música Para El Alma.

29 NOVIEMBRE

Mirar no es lo mismo que ver, abre tus ojos y mantente siempre alerta a las oportunidades, da gracias de corazón por todas ellas incluso antes de que aparezcan. Si no permaneces despierto contemplando todo lo que se presenta en tu día a día podrás pasar por alto buena parte de lo que hay justo enfrente de ti, incluso dentro de ti. Las oportunidades están ahí para todo el mundo, pero la gran mayoría de vendedores andan a ciegas, las miran, pero no las ven y mucho menos aprovechan por lo que permanecen ignorantes a los milagros. Cuando seas consciente de las oportunidades, maravillas, aprendizajes continuos que la vida te ofrece a través de las pequeñas cosas, podrás vivir tus ventas en armonía, paz y auténtica serenidad, saldrás a vender como un niño con los ojos abiertos ante todo lo que ocurre, descubriendo cada día un aprendizaje nuevo, deshaciéndote de tu mente condicionada, no darás nada por hecho, no te aburrirás ni un solo momento, saldrás a vender todos los días como si fuera el primero. La magia de las ventas está en vender como el primer día, recuerda la atención plena que tenías en ese momento e intenta recuperarla, borra todo lo que has aprendido para dejar espacio y que entre lo nuevo, no renuncies a los conocimientos útiles, pero date permiso para adaptarte a las nuevas oportunidades.

Para Llenar Un Vaso De Agua Limpia, Debes Vaciarlo Del Agua Sucia.

30 NOVIEMBRE

Si no te agrada lo que vendes, si no te agrada la empresa para la que trabajas, si no te agrada algún cliente hasta el punto de hacerte sentir mal, elévate ante estas circunstancias, debes elegir siempre lo que te haga sentir bien. Esto no quiere decir que tengas que ponerte a la altura de ellos más bien debes forzarte por buscar un acuerdo, trabajar para alcanzar un compromiso, buscar un punto de acción en el que todos puedan ganar. Ten en cuenta que la acción más elevada no siempre tiene porque ser la más conveniente para el otro. Algunas veces debes situarte en primer lugar o más bien siempre, no es una elección egoísta, es tener conciencia de uno mismo debes saber que si tu propósito es elevado también lo serán tus elecciones. Esta es la auténtica libertad y la mayor madurez que un vendedor pueda tener. Si todo lo que haces es seguir las obediencias de los demás entonces no has madurado, has obedecido y cuando tú actúas de forma sumisa estás viviendo la vida de alguien, no la tuya. Ponte siempre en primer lugar, ámate por encima de todo, porque si tú no eres feliz vendiendo, estás estresado, intranquilo, nervioso, cabreado, frustrado..... difícilmente podrás ayudar a las personas de alrededor, más bien les contaminarás trasmitiéndoles eso mismo que tú estás sintiendo.

Cuando No Sepas Qué Decisión Tomar, Comienza Por Ponerte En Primer Lugar.

DICIEMBRE

1 DICIEMBRE

Las ventas a veces son rápidas y sencillas pero muchas otras veces requieren de un tiempo necesario para poder cerrar la operación, ya que en el transcurso deben de asentarse muchas cosas que son de vital importancia para que la venta se haga firme, deben crearse situaciones concretas para que nuestro cliente llegue a confiar en ti, entienda que está tomando una buena decisión y que no le vas a defraudar. Permite que la venta se desarrolle y no intentes forzar su cierre, hazle saber a tu cliente que estás ahí mediante un seguimiento pero sin presiones. No puedes forzar la apertura de una flor, si lo haces no quedará igual de bonita y hasta puede que dure menos tiempo con vida debido a tu impaciencia. Fluye con la venta comprende que hay un tiempo para cada cosa y cuando se hace algo fuera de su tiempo en ocasiones en lugar de vender estamos malvendiendo porque estamos comprando nosotros en lugar de dejando comparar, a las personas nos gusta comprar tomar nuestras propias decisiones eso nos hace sentirnos libres, confiados y seguros de lo que estamos comprando. Continúa vendiendo a tu ritmo, céntrate en buscar nuevas oportunidades para mantener el vaso siempre lleno y nunca te precipites a hacer una venta antes de que haya llegado su hora. Al mismo tiempo nunca te dejes arrastrar perdiendo el tiempo es decir en lugar de preocuparte ocuparte. Observa cuantas oportunidades de ventas hay esperando ser descubiertas por ti.

Si Tienes Que Presionar A Alguien Que Sea A Ti Con La Intención De Pulir El Diamante Que Eres.

2 DICIEMBRE

Las ventas no es más que entender que si algo que tú tienes y sabes que funciona, que te ha ayudado a mejorar tu vida, sabes que con ello puedes mejorar la vida de alguien, debes recomendarlo, es decir, debes venderlo, no intentes guardártelo, acumularlo o almacenarlo; mejor compártelo o lo que es lo mismo véndelo y en la medida que lo hagas se incrementará. Te imaginas que todos esos inventores, científicos, maestros, empresarios, se hubieran guardado sus inventos para ellos, muchas de las cosas de las que hoy disfrutas no existirían. Si tienes algunos sobres de semillas guardados en un armario, allí se quedarán, pero si coges esas semillas, las plantas y las cuidas, no solo crecerán, sino que se incrementaran y crecerán cada vez más. Lo mismo ocurrirá con tus productos o servicios, si sabes que puedes ofrecerlos y con ello ayudar al crecimiento y expansión de las personas, si lo sabes y no las ofreces no las estás amando y por consecuencia ni ello, ni las personas, ni el mundo crecerá. Vende con alegría y contempla como crece en cantidad y calidad. Cuando tu actitud hacia tus ventas y productos es recta sabes que estás haciendo un bien común, por lo tanto todas tus necesidades quedarán cubiertas de forma auténtica y maravillosa.

Vender Es El Deseo De Ayudar A Los Demás Y Hacer De Este Un Mundo Mejor.

3 DICIEMBRE

Vender, estar feliz, sentirte confiado, motivado…. cuando todo va bien y en tu vida no hay muchos problemas es fácil, el desafío viene cuando las cosas se ponen difíciles. Aunque tu vida y tus ventas es un reflejo de lo que tú eres es cierto que existen situaciones externas a ti las cuales no puedes controlar, pero hay una buena noticia y es que no se trata de controlar más bien de gestionar, de gestionarte a ti y esas emociones que sientes en esos momentos en el que un cliente te dice que no, lo pierdes o sucede cualquier situación desagradable que no esperabas. Debes aprender a conectar con tu verdadera FE, son en los momentos difíciles donde se definen los buenos vendedores, confía en que estos momentos se te son dados para reafirmarte en lo que verdaderamente has dicho que ibas a ser "un vendedor exitoso" ¿De qué otra manera puedes demostrarlo? Es aquí donde vas a poder hacerlo, estas son las lecciones más importantes que te manda la vida para asegurarse de que eres el vendedor adecuado, el vendedor que dijiste que ibas a ser, piensa que esto también pasará y de la mejor manera porque una vez fuera de la tormenta, el sol brillará y tú seguirás ahí y lo disfrutarás el doble porque habrás aprendido. Aprende a mirar el lado positivo de las situaciones, es lo que te va a dar un plus de diferencia del resto de vendedores. Piensa que hay personas que se durmieron ayer y hoy no pudieron despertar. Así pues nunca dejes de dar las:

Gracias Por Ser, Estar Y Vender.

4 DICIEMBRE

El mayor miedo de un vendedor es que le digan que NO, es decir el miedo al rechazo. No temas, los miedos son algo que solo está en tu cabeza, no son reales, solo son emociones las cuales tú calificas como buenas o malas, tú determinas que una situación es buena o mala basándote en tus creencias, pero esto no tiene por qué ser así, en ocasiones un NO simplemente es el principio de un SÍ porque nada es intrínsecamente bueno o malo, simplemente ES. Tu trabajo está en demostrar el valor es decir que beneficio le va aportar tus productos o servicios a tu cliente, como le vas ayudar, porque otras personas ya se están beneficiando, transmitir confianza y que se sienta seguro de que está tomando la mejor decisión. Una vez hayas generado una recepción clara, a continuación tendrás que soltar, llenarte de paz y confiar en el proceso, cuando tú sabes que has hecho todo lo que estaba en tus manos, sabes en lo más profundo de ti que has hecho un buen trabajo, no debes preocuparte, la paz y felicidad de un vendedor llega cuando aprende a amar la incertidumbre y apagar el interruptor de su descontrolada mente.

Soltar A Un Cliente No Es Ignorar, Sino Aceptar Sin Necesidad De Presionar.

5 DICIEMBRE

Parece fácil encontrar un buen vendedor, parece sencillo y muchas personas creen que saben todos los pasos que debe dar para llegar a lograr el éxito en las ventas yo los llamo VENDELOTODO. Las ventas no consiste solo en vender más, sino en vender mejor, sentirte feliz, disfrutar de la profesión y hacer de ella tu pasión. Piensa que la vida es demasiado corta para dedicarte a hacer algo que no te gusta y que la mayor parte del tiempo lo vas a pasar trabajando. No has venido a este mundo para padecer, sino para disfrutar, para hacer de tu misión algo bonito, que mejor manera de hacerlo que a través de tus ventas con las cuales puedes ayudar a millones de personas y en la misma medida te estarás ayudando a ti. Piensa cuántos vendedores existen dispuestos a ser exitosos, en teoría muchos, pero después en la práctica realmente son muy pocos los que están dispuesto a hacer lo que sea necesario, el éxito tiene un precio y cuanto mayor éxito quieras tener mayor será el precio, aquí es donde se diferencian unos vendedores de otros, realmente lo que ocurre es que no tienen la mentalidad adecuada, por comodidad, por conformismo.... pero si le das un giro y lo conviertes en un propósito, dejarás de verlo como una obligación, comenzarás a disfrutar del proceso de hacer algo por las personas, mejorar y contribuir en dejar un mundo mejor a través de tus ventas, te conviertes en un ejemplo de vendedor con valores aportando y generando más y más abundancia tanto para ti como para el conjunto, esto hará que te sientas:

Cada Día Mejor, Mejor Y Mejor Vendedor.

6 DICIEMBRE

Algo que te puede llevar a reconocer si estás delante de un gran vendedor es hacerte esta pregunta: ¿Le comprarías a esa persona? Fíjate en su manera de andar, subir escaleras, sentarse, levantarse, observa si lo hace con energía o más bien como un perro pachón, date cuenta de que como haces una cosa las haces todas es decir si le cuesta levantarse le costará llegar pronto a una visita, si le cuesta andar y subir escaleras le costará mantener el ritmo de un vendedor con una amplia cartera de clientes. Algunas personas están dispuestas a aprender con mayor rapidez que otras por lo tanto vender no es igual para todos. Algunos están dispuestos a dar un gran salto y salir al ruedo atreviéndose a superar todos los miedos y barreras, formarse, hacer cursos, seminarios, aprender de los mejores, leer, puedes saber si lo hacen preguntándoles por su biblioteca personal: ¿Qué tipos de libros le gusta leer, cuáles son los últimos que se leyó, cuáles son los últimos sobre ventas que se ha leído o está dispuesto a leerse? Todo esto puede marcar una gran diferencia entre lo que es y lo que puede llegar a ser. Te asombrarás cuando veas que la gran mayoría no están dispuestos porque prefieren estar como el perro pachón en su cómodo colchón, lo que hará que vender les resulte doloroso y vayan por la vida arrastrándose, pensando que no les gusta vender pues simplemente son sus propias resistencias, ya sabes que te guste o no tienes que vender, la respuesta a esta actitud está en ti.

Los Grandes Vendedores Son Lectores.

7 DICIEMBRE

Tus ventas no son una cosa que puedas negociar, porque siempre estás vendiendo te guste o no, seas consciente de ello o no siempre estás negociando algo, intentando conseguir algo, comunicando ideas, normalmente lo que vendes es algo que ya está en ti, que te gusta o forma parte de lo que llamamos identidad. Habitualmente lo haces con personas cercanas, conocidas, con las que te sientes seguro porque más o menos controlas la situación, es decir, sabes que sus ideas van a resonar con las tuyas, piensa en esto: ¿A quién vas a venderle tus problemas o situaciones a resolver? Habitualmente a las personas que sabes que van a empatizar contigo, por eso se dice "Dios los cría y ellos se juntan" esto ocurre cuando te sientes inseguro de ti mismo, necesitas escuchar a alguien que te dé la razón o le haya pasado lo mismo, y así continuar haciendo la bola de nieve más grande porque ahora ya sois dos dándole energía al asunto. No vas a contarle tu situación a una persona de la que sabes que vas a escuchar algo que te toque tu sistema de creencias y te fastidie aún más el día. Pero si lo haces puedes renovar tus ideas transformarlas en positivo y salir a vender ideas nuevas, para ello júntate con personas que te abran los ojos a la verdad, te empoderen para salir de ese círculo vicioso que no te lleva a vender nada positivo. Cuando te des cuenta de que siempre estás vendiendo o mal vendiendo entonces podrás utilizar esta habilidad a tu favor y vender para generar abundancia tanto personalmente como profesionalmente.

La Energía De Los Vendedores Se Contagia.

8 DICIEMBRE

Comenzarás a obtener resultados positivos en tus ventas y en tu vida cuando te centres en ayudar, en servir y en dar lo mejor de ti a tus clientes en lugar de centrarte en las comisiones o en lo que vas a obtener a cambio, comprende que esto es algo que se te dará por añadidura. Demasiados vendedores centrados en las comisiones, incluso algunos que si no ganan lo suficiente o se topan con clientes pequeños no quieren ni atenderlos, esto es algo muy común y se entiende que en ocasiones es por falta de tiempo, pero que existen millones de formas de dar lo mejor, por ese motivo si no es a través de ti puedes delegar esa misión en otros con lo que estarás ayudando el triple porque estarás ayudando a tu cliente, a otro vendedor que esté en el camino y por supuesto a ti. Debes saber que todos somos uno y que cuando tú ayudas, das, sirves a los demás te estás ayudando a ti es decir que te estás dando y sirviéndote a ti a través de otros, de ahí la frase de que debes amar por encima de todo tus ventas y ellas te amarán mil veces más. Utiliza tus ventas para el beneficio de todos, deja el egoísmo a un lado "total para lo que me va a dar" no se trata de lo que te va a dar, sino de lo que tú le vas a dar. Comparte tu sabiduría, servicios, conocimientos, simpatía, gracia, éxito….. sé generoso con tus dones, pues en la medida en que lo compartas se incrementará.

Vende Siempre Dando Lo Mejor De Ti Y Lo Mejor Vendrá.

9 DICIEMBRE

Solo por hoy imagina que eres una antena transmisora de radio, tus pensamientos son pura energía que salen a través de esta antena, dirigiéndose al universo cruzándose con multitudes de pensamientos de otras personas, todos estos envuelven nuestro universo y cada uno de ellos conectan con aquel otro mismo pensamiento creando la materia, es decir, que cualquier pensamiento que tengas se unirá a otro semejante al tuyo con lo que se condensarán hasta materializarse. Sabiendo esto, Ahora imagina que tu mente es como una emisora de radio, observa que tipo de música escuchas habitualmente: ¿Es triste, lenta, castigadora, te hace llorar o por el contrario escuchas música alegre, positiva, con mensajes bonitos los cuales te llenan de alegría, te motivan a bailar, te mantienen con energía y ayudan a llevar tu día mejor? Tú tienes el poder para darle a la ruedecita de tu radio y elegir qué tipo de música quieres escuchar, tú eres el DJ de tu vida, ahora bien tu mente es como la radio tú eliges que tipo de pensamientos quieres escuchar, ya eres consciente de que según sean tus pensamientos así mismo será el estado que estés creando, esto va a influir tanto a tu vida como a tus ventas por lo que si tú piensas en positivo sobre un cliente, tratas con el generándole un tipo de emoción positiva, este cliente generará un pensamiento de cómo le hiciste sentir, esa emoción creará una energía la cual se unirá a la tuya y en algún momento se materializará. Pero para que esto ocurra tienes que ser constante es decir mantener este pensamiento constantemente tanto en ti como en tu cliente.

Tus Pensamientos Crean Tus Ventas.

10 DICIEMBRE

Tienes dos oídos y una boca. ¿Crees que es por casualidad? Quizás sea porque sea más importante y necesario escuchar que hablar. En el mundo de las ventas debemos de aprender a escuchar con atención a nuestros clientes, muchos vendedores hablan, hablan y hablan demasiado, sin darle importancia a lo que el cliente dice, observa que cuando realmente te paras a escuchar el mismo cliente puede darte todas las respuestas, solo tienes que estar atento y despierto, escuchar con todo tu cuerpo, eso te va a permitir conocer al cliente, saber delante de quién estás, incluso puede que él mismo se venda. Piensa en esto, no es lo mismo que tú le des las respuestas a un cliente a que él mismo se las de. Por este motivo escucha atentamente y aprovecha tu turno para más que hablar por hablar, preguntar haz muchas preguntas y deja que el cliente se responda, el mismo se estará vendiendo, esto le hará sentir su inteligencia, le hará sentir importante y además crearas un vínculo de confianza y armonía porque habitualmente con las personas que más empatizas son aquellas que te hacen sentir que le importas. Estamos hechos a imagen y semejanza lo que quiere decir que fuimos creados para parecernos por lo que mentalmente podemos racionalizar y elegir por voluntad propia. Por tanto tú puedes elegir escuchar y conocer, amar y servir a tus clientes con excelencia.

Escucha, Pregunta Y Vuelve A Escuchar.

11 DICIEMBRE

Demasiadas personas se resisten a vender y esto sucede porque no se llega a comprender que vender no es solo una palabra que se le ha puesto a determinada profesión. Solo tienes que tomar conciencia de que te guste o no siempre estás vendiendo por lo tanto deja de etiquetarlo como algo bueno o malo y comienza a vender más y mejor porque vender es intercambiar no solo cosas, también pensamientos, ideas...... y no necesariamente la comisión de ese intercambio tiene que ser económica, esta puede venir disfrazada de muchas formas. Puedes vender palabras bonitas y la comisión puede venir en forma de amor, puedes vender educación a tus hijos y la comisión venir en forma de valores, puedes venderte en una entrevista laboral y venir en forma de trabajo, puedes venderte como deportista y venir en forma de medalla, puedes cocinar y venir en forma de agradecimiento, puedes llorar como un niño y conseguir un helado..... ¿Te das cuenta ahora como las ventas giran en torno a nosotros siempre y forman una parte muy importante de este llamado mundo? Vender es convencer, persuadir, negociar, conseguir lo que tú quieres y como todo tiene su lado bueno y su lado malo, de ti depende como lo quieras utilizar. No importa a que te dediques, si no vendes estás mal vendiendo porque no estás consiguiendo lo que tú quieres. Aunque no te dediques a ello profesionalmente ten por seguro que siempre estás intentando conseguir algo, es decir, siempre estás vendiendo.

Todo El Planeta Depende De Las Ventas.

12 DICIEMBRE

Mira siempre hacia adelante y hacia el lado más luminoso. Deja el pasado y sombras atrás no te gires a ver ni asimilar lo que pasó con aquel cliente, aquella situación dolorosa nada de eso importa ya, el pasado ya no existe, lo único que es real es el AQUÍ Y AHORA. Continúa hacia adelante, aparecerán obstáculos que te paralizarán y harán que quieras abandonar, incluso retrocederás, pero ahí es donde debes ser valiente y confiar en el plan divino que ya es para ti, aprovecha ese retroceso para coger impulso, espera solo lo mejor y así sucederá. No te niegues a sentir las emociones que te causan algunas situaciones aunque te parezcan negativas, no se trata de esto simplemente observa y toma conciencia de que tú eres tu propia dueña, por lo tanto de ti depende de cómo quieras ver y vivir la situación. Hazte consciente de que si decides ver el lado oscuro no esperes atraer hacia ti ventas, clientes y situaciones fructuosas porque lo semejante atrae a lo semejante. Cuando estés en la cima de tus ventas, ayudando, sirviendo, vendiendo con amor, cuando todo ello fluya libremente, es decir, forme parte de tu ser, atraerás hacia ti todas las personas, clientes, situaciones deseadas, pues a todas las personas les agrada rodearse de almas puras. Un cliente puede desconfiar de tus palabras, pero si detecta paz y amor en tu corazón no tendrá duda alguna de tu buena fe e intenciones.

Mira Hacia Adelante, Fija Ahí Tus Objetivos Y Emplea Toda Tu Energía Y Talento En Ellos.

13 DICIEMBRE

Cuando digo que un gran vendedor siempre tiene que estar vendiendo, esto no quiere decir que te tengas que meter en casa de tus clientes, esto no es ético y además supone un gran esfuerzo, los valores siempre deben de estar por encima de las necesidades, aprende esto y aprenderás a respetar el tiempo, el plan divino. Demasiados vendedores como para ir metiéndonos en las casas, teléfonos, correos de los clientes, si todos hiciéramos esto nos invadirían el caos, la locura, confusión. Amar a tus clientes es amarte a ti, es vender como te gustaría que te vendieran. Ahora piensa: ¿Cómo te sientes cuando estás en tu hora de comer y te llaman para venderte algo? ¿Y cuando invaden tu correo o WhatsApp con ofertas e información? Si esa emoción no es agradable para ti, para los demás tampoco. Aprende a vender con respeto y nunca invadas el terreno de los clientes, demuestra tu profesionalidad. Es importante vender y mantenerte omnipresente, pero debes tomarte los valores en serio y comprobar si es lo adecuado, si no es así, observa de qué otra forma lo puedes hacer. Existen multitud de técnicas de ventas las cuales están al alcance de todos y las cuales permiten a los clientes tener libre albedrío para decidir si en ese momento puede prestarte atención o no.

Vende Y Deja Que Te Compren.

14 DICIEMBRE

Hasta ahora, ¿cómo has decidido vivir tus ventas? Lo que hayas decidido es lo que tendrás, decidir no es solamente pensarlo es algo más, es decirlo y hacerlo, la misma palabra te lo dice DECID-IR. Si piensas una cosa, dices otra y haces otra distinta nunca llegarás a los objetivos porque no estás en coherencia no solo contigo y con tus ventas sino con el universo. Continuamente cambias de parecer y esto es como si tiras de la cuerda de una peonza, comienza a dar vueltas sin saber dónde se va a dirigir ni dónde va a terminar. Recuerda que la vida es un proceso de creación constante, cada pensamiento, palabra y obra está creando tu realidad por lo tanto si la decisión sobre la clase de vendedor que quieres ser que tomes hoy no es la elección que tomes mañana difícilmente conseguirás el objetivo. El secreto de los grandes vendedores es que cada vez que eligen, eligen lo mismo. Hazlo tú también elige todos los días, cada mañana cuando te despiertes elígete, no es suficiente con una vez debes hacerlo una y otra vez hasta que tu voluntad se manifieste en tu realidad. Puedes cambiar de idea todas las veces que quieras, pero ten encuentra que cada vez que lo haces se produce un cambio de dirección en todo el universo con lo que estarás atrasando el proceso de creación.

Si Quieres Ser Un Gran Vendedor, Elige Siempre Ser Un Gran Vendedor.

15 DICIEMBRE

Aprende de los gatos; a caer de pie, estos felinos son capaces de girar en el aire para aterrizar con dignidad en el suelo. No importa tan grande sea tu fracaso, siempre que caigas intenta caer de pie y con la cabeza en alto, lo que quiere decir que vendas de la mejor manera posible porque solo de esta manera si en alguna vez fracasas podrás caer bien y con la cabeza alta.

Otra similitud con el gato es una que dice: La curiosidad mató al gato, que traspasado al área de las ventas es algo así como arriesgarte y ser lo suficientemente curioso para saber qué tiene para ti ese cliente nuevo, esa puerta cerrada, ese número de teléfono, esa visita…. tómalo como un reto y supera cada uno de ellos gracias a esa curiosidad e Independencia que caracteriza a un buen vendedor porque no hay nada mejor que tu propia responsabilidad para saber qué camino tomar, que clientes visitar, que producto ofrecer, como, donde y a quien.

Si Algún Cliente O Situación Te Hace Volar, Asegúrate De Caer De Pie Cuando Te Suelte.

Porque Te Soltará.

16 DICIEMBRE

No es necesario el sufrimiento para vender, cuando un cliente decida no comprarte no te quedes anclado en ese sufrimiento, tampoco reprimas el dolor, siéntelo, observa que te está enseñando y utilízalo como trampolín para continuar con tu evolución y aprendizaje, nunca pienses que ya lo sabes todo, esto son claros mensajes de que no es así, el día que pienses que tienes todas las lecciones sabidas, ese será el día donde tus ventas comenzarán a morir. Si todavía crees que no tienes nada nuevo por descubrir y que nadie te puede enseñar a vender, significa que estás rotundamente aferrado a lo viejo y ahí te quedarás atrayendo ventas, circunstancias y personas con esa misma mentalidad que no te permitirán adentrarte en lo nuevo. No escondas la cabeza en la tierra como un avestruz, con el temor de no querer ver más allá, el avestruz tiene el cuello muy largo para poder alzarlo y elevarse por encima de todo. Alza tu mirada con alegría y entusiasmo por descubrir un mundo nuevo, repleto de ventas infinitas. Acepta todo lo nuevo, trabaja en aprender de ello y todo lo bueno vendrá.

No Sufras Por Ningún Cliente Que Le Dé Igual Tenerte O No, Utilízalo Como Trampolín Para Tu Aprendizaje.

17 DICIEMBRE

Hay una gran necesidad de servir desde el amor, la misma palabra te lo dice SER-VICIO. El ser es tu alma y el alma solo conoce de amor, con lo que debes vender, servir al otro desde el amor y hacerlo muchísimo más feliz mediante tus productos y servicios. VICIO es vender con obsesión, debe ser como una droga para ti, algo de lo que no puedes prescindir. Aunque conscientemente te cueste entenderlo y no lo veas la realidad es que es así porque siempre estás vendiendo, siempre estás sirviendo, negociando con algo o con alguien, de ti depende como lo quieras hacer, si desde el amor o desde el odio. Hay una enorme necesidad de vendedores que quieran vender de tal modo y solo pueden conseguirlo haciéndose la siguiente pregunta: ¿Y si con mis productos o servicios puedo cambiar la vida de una personas? ¿Y su con ello le cambio la vida al mundo? Para ello solo debes tener claridad de lo que estás haciendo, por qué, para qué y tener un auténtico sentido de la responsabilidad. Solo así el universo podrá darte más ventas con la seguridad de que llegarán a buen término y de que lo harás a la perfección.

Ser = Vender Desde El Amor

Vicio = Obsesiónate Con Vender Más Y Mejor.

18 DICIEMBRE

Tal y como te sirvas a ti, a tu familia, a tu pareja, a tus amigos, compañeros..... así mismo servirás a tus clientes, recuerda que como vendes una cosa las vendes todas. Por eso ama y confía es lo que te va a permitir crecer. Para poder dar el mejor servicio debes aprender a escuchar a las personas con todos los sentidos y no solo con los oídos, es decir, debes estar atento a su forma de expresarse y moverse. Debes hacerlo con la clara intención de poder ofrecerle lo mejor, no con la intención de juzgar porque una vez lo analices todo con humildad podrás hacerle las preguntas poderosas, es decir, las más adecuadas con las que conseguirás entenderlo mejor y conocer mejor a la persona que tienes delante, saber en qué universo está viviendo, cuáles son sus necesidades, qué es lo que necesita y poder darle la mejor solución. Si además consigues no solo escuchar, sino también mirar a tu cliente con los ojos de la fe, es decir, viendo más allá de lo que es un cliente, una persona con un alma en la que también hay amor, si consigues conectar con esa energía la venta será tuya porque será como si le estuvieras dando la horma para su zapato.

Como Vendes Una Cosa Las Vendes Todas.

19 DICIEMBRE

¿Cuántos tipos de actitudes puedes encontrarte a lo largo del día? Cada visita es una exposición de actitudes en las que te puedes ver reflejado, todas ellas son regalos del universo por lo que puedes utilizarlas a tu favor para aprender de ellas, hacerte consciente de los valores verdaderamente importantes de la vida y desde ahí poder cambiar las que no te sirven. Utiliza la ley del espejo en tus ventas que dice: si algo no te gusta de tu compañía, cliente, situación, te irrita, te molesta y quieres cambiar del otro es algo que también está en ti. No es fácil ver cómo las personas adoptan actitudes y decisiones equivocadas, sin embargo es bueno Observarlas para poder cambiarlas. Ten en cuenta que las actitudes no son buenas o malas solo son percepciones y se contagian como un virus, por ese motivo simplemente presta atención a las que te sirvan y ayuden a elevarte.

Un Buen Vendedor No Es Feliz Por Sus Circunstancias Sino Por El Conjunto De Actitudes Que Posee Mediante Las Circunstancias.

20 DICIEMBRE

Tus ventas son lo que haces de ellas por lo que no debes culpar a nadie por las situaciones porque tú eres el único responsable de tu vida y de tus ventas, por lo tanto solo tú puedes elegir como llevarlas. Si te levantas por la mañana y hace un día frío y lluvioso de ti depende cómo lo quieras ver, puedes decidir verlo con amor y salir a vender con más paciencia, paz y tranquilidad, viendo lo mejor que te puede ofrecer el día, o por el contrario puedes despertare y arruinar tu día con pensamientos negativos ante él. Tus pensamientos no tienen el poder de cambiar el estado meteorológico, pero sí tienen un gran poder para cambiar tu actitud, y dependiendo de esa actitud venderás mejor o peor. ¿Puedes ver que la responsabilidad de tus ventas es tuya? Date cuenta de que se trata de tu propia fabricación, que tus pensamientos son como una fábrica donde puedes fabricar tus ventas, de ti depende qué clase de pedido quieras fabricar. Fabrica todo lo mejor a partir de lo que veas a tu alrededor, no le prestes atención a las situaciones negativas, ignóralas y desaparecerán, no la lluvia sino la emoción negativa que te habías creado de ella.

Ok, Si Es Lo Que Quieres Ver Del Día, Así Será.

21 DICIEMBRE

¿Cuáles son tus valores personales ante tus ventas? Puedes ver de tus ventas tan solo comisiones y valores materiales, esos que pueden darte pan para hoy y hambre para mañana, esos que pueden llenarte de dinero pero dejarte en un desequilibrio emocional, esos que pueden hacerte permanecer ser como una rata en una jaula dando vueltas a la ruedecita, solitario y encerrado en tu propio mundo o puedes decidir ver más allá, es decir, vender con auténtico servicio, humanidad, amor y fe, aportando tan solo lo mejor y haciendo de tus ventas un castillo solido donde podrás comer, cenar, beber y lo más importante DAR el mejor banquete a todos las personas que se acerquen a ti.

De ti depende hacer de tus ventas y de tu vida una rueda de ratón o un enorme castillo, no se te negará la construcción de dicho castillo si lo construyes de todo corazón, sirviendo y ayudando a los demás con toda tu alma y todo tu amor.

Según Sirvas Serás Servido.

22 DICIEMBRE

¿Cómo puedes diferenciar a un buen vendedor de un vendedor de humo? Es más sencillo de lo que parece. Por sus resultados, por sus palabras, por su compromiso. No temas a pedirle a un vendedor que te muestre sus resultados, pídele que te muestre testimonios de clientes y observa si se muestra con transparencia o por el contrario intenta esconderse. Gracias a la tecnología, en el área de las ventas cada vez existe más transparencia, una persona puede saber de otra fácilmente, esto es algo que nos lleva a actuar cada vez más con auténtica verdad y transparencia. Por eso hoy en día podemos pillar mucho antes a un mentiroso que a un cojo. No temas a la verdad y a la transparencia, ya que esto a veces ayuda a que las ventas sucedan antes y nos permite ver lo mejor de cada vendedor, cliente, empresa, persona. Mediante esta acción tan positiva se nos permite ver y crear las condiciones y ambiente adecuado para que surjan más ventas.

Quien Siembra Transparencia Y Verdad En Sus Ventas Cosecha Buenos Pedidos.

23 DICIEMBRE

Los jefes de ventas, directores, gerentes, líderes…. siempre son necesarios, estas personas con valentía, fuerza, sabiduría, son necesarias para nuestro crecimiento. Son grandes visionarios, son los primeros en adentrarse hacia lo desconocido, solucionar problemas, son expertos en mantener esa visión firme y hacer posible su manifiesto. Debes aprender de ellos, pero no quedarte anclado en su propio molde, es decir, una vez aprendes debes buscar tu propio crecimiento, puedes dejarte acompañar por ellos durante un tiempo, pero cuando te sientas listo para dar el salto, cuando sientas ese impulso de adentrarte tú mismo a lo desconocido abandona el molde de tu líder y salta a crear el tuyo propio. No te quedes sentado esperando a que otros salten por ti, así nunca llegarás a ser un gran vendedor. Si tú no te sientes capaz de tomar esa iniciativa no pasa nada porque en el puzle de las ventas son necesarias todas las piezas y ninguna es más especial que otra ya que si falta alguna el puzle no está completo, lo único que debes hacer es respetar a los que sí lo hacen porque ellos son los que consiguen hacer de esta profesión un mundo mejor, por lo tanto muestra respeto, gratitud y amor por ellos, pues sin ellos el mundo de las ventas no sería el mismo.

Sé El Vendedor Que Quieres Ver En El Mundo.

24 DICIEMBRE

Si pudiera te vendería una estrella. ¿Pero sabes qué? no puedo porque la estrella eres tú y la luna es tu premio. Reconoce tu verdadera esencia, la estrella que hay en ti, en tu interior, date cuenta que no tienes que buscar fuera de ti, toda la sabiduría, conocimiento y comprensión que necesitas para ser un gran vendedor esta en ti esperando ser expresado a través de ti. Cuando te des cuenta de esto jamás volverás tener la impresión de que un vendedor es mejor que otro. La grandeza, éxito, poder esta en ti, eres capaz de venderlo todo y hacerlo de la mejor manera solo debes aprender a entenderte, a venderte y a medida que lo hagas de igual manera podrás vender a los demás, comprenderlos y servirles de la mejor manera. Deja de buscar fuera de ti, comienza por conectarte con tu propia estrella y el camino hacia alcanzar la luna se te irá mostrando paso a paso, es decir, que avanzarás en tus ventas de una manera gradual. No temas brillar como vendedor exitoso ni permitas que nadie apague la luz de tu estrella pues tú viniste aquí para brillar.

Tú Decides Ser Un Vendedor Estrella O Un Vendedor Estrellado.

25 DICIEMBRE

Papá Noel también es un gran vendedor, vende ilusión, felicidad, alegría, caramelos, regalos.... imagina que eres un Papa Noel en la puerta de un colegio repartiendo caramelos, lo que más desea un niño cuando sale del colegio son esos caramelos. Pero hay niños que lo miran de lejos y no se acercan porque no se fían, tienen miedo o piensan que no es real. Existen otros niños que desean tanto esos caramelos que se lanzan a por ellos si cuestionarse nada, simplemente van cogen los caramelos, no solamente cogen los suyos, sino que además cogen los de los demás niños que no se atrevieron a acercarse. Papá Noel tiene caramelos para todos, pero no todos los niños se atreven a ir a por ellos y se quedan esperando a que Papá Noel se los lleve, con lo que se quedan sin caramelos. Esto mismo ocurre con muchos vendedores, tienen un Papá Noel en la puerta de los clientes, dándoles pedidos, ventas, dinero, relaciones, soluciones, pero por miedos, limitaciones, creencias, comodidad, desconfianza..... no se lanzan a por los pedidos, se quedan esperando a que los clientes los llamen para darles los pedidos y la mayoría de veces es algo que no ocurre.

Las ventas debes ir a por ellas y superar los obstáculos necesarios hasta llegar conseguir el pedido, observa en cada obstáculo ganas habilidad, confianza, seguridad.

¡Felices Ventas Y Feliz Navidad!

26 DICIEMBRE

Aprovecha la magia de la Navidad, el ambiente, el amor, la felicidad, las luces, los colores….. para practicar el perdón, pero el perdón de corazón. Cuando más te cueste perdonar o pedir perdón es cuando realmente lo estás haciendo de corazón porque no es lo mismo el perdón que la educación es decir cuando tropiezas con alguien le pides perdón ese perdón es por educación, ese perdón no te cuesta, realmente cuando algo te ha dolido es cuando te cuesta perdonar y ahí es cuando surge el verdadero perdón, el que proviene del corazón. Puedes aprovechar estos días para recuperar aquel cliente con el que cometiste un error, quizás no tuyo, de tu compañía, empresa, mal entendido, incluso puede que el error haya sido suyo….. no importa nada de esto, reconoce tu humildad y si debes aprender del error hazlo. Todos somos humanos y cometemos fallos, puedes aprovechar estos días para mandarle tu felicitación y hacerle saber que estás ahí, que entienda que mereces el perdón. Debes tener constancia y llegará el momento en el que detectará el amor en tu corazón, el cliente volverá a confiar en ti y romperás ese karma que se generó por confusión.

El Perdón Del Vendedor Viene Por Una Actitud Constante.

27 DICIEMBRE

Que la magia de la Navidad te colme de un año lleno de:

Buenos pensamientos.

Muchas ventas.

Amor.

La mejor manera de llevar prosperidad, ventas y amor es bendecirlo, da gracias por cada venta que encuentres en el camino, esto generará el hábito de tener buenos pensamientos y a la vez aportará amor a tu corazón. Con amor y bendiciones todo aumenta. Observa cómo una planta, flor, animal, incluso un niño pequeño responde positivamente al amor y bendiciones, esto es algo que sucede porque son seres puros por lo tanto son muy sensibles a las emociones. Puedes comprobar por ti mismo como reaccionas cuando te hablan desde el amor. Sal a vender tú con el mismo amor, verás que cuanto más lo hagas más fácil y bonito te resultará vender. Comprueba como todas las bendiciones que tú envías te son devueltas en todo momento y del mismo modo en que tú las extendiste.

En Lugar De Mirar Las Ventas Que Te Deprimen, Mira Las Que Te Bendicen Y Da Gracias Por Ellas.

28 DICIEMBRE

En tu interior existen dos vocecitas, una proviene de la mente y te dice que "no puedes", "que es imposible vender más y mejor" y otra del alma que te dice que SÍ SE PUEDE. Tú eres el dueño y de ti depende a qué vocecita quieras escuchar. Debes decidir todos los días lo mismo y es decidir que SÍ SE PUEDE, aprender a no escuchar ninguna otra voz que lo único que pretende es distraerte. Pero no te lo plantees mucho el tiempo pasa muy rápido y si tú no lo haces, recuerda que la oportunidad pasará al siguiente de la lista. Comienza por confiar en ti, creer en ti, amarte a ti, recuperar tu poder personal, este es el primer paso que debes anclar en ti porque si tú no te amas difícilmente vas a poder amar a los demás, no vas a ser el vendedor que quieres ser sino el vendedor que eres, por eso es tan importante que reconozcas los valores que debe de tener de un vendedor y los tuyos propios. Ser vendedor es un regalo que a todos se nos es dado por herencia de nacimiento, pero si además te dedicas a ello debes pensar:

¿Qué vas hacer con este regalo?

¡Arriésgate! Abre el regalo y comienza a disfrutar de esta profesión llamada ventas como lo que es un regalo, para crecer, ayuda, servir, amar, expandirte, superarte, aprender.

Sé El Vendedor Que Has Venido A Ser Y Serás Feliz.

29 DICIEMBRE

Estamos a punto de terminar el año pero ¿ya has cumplido todas las metas que te propusiste para este año? Si es así ¡ENHORABUENA! Estás cada vez más cerca de ser el gran vendedor que viniste a ser y como los grandes vendedores, es momento de apretar el acelerador y comenzar de nuevo, al contrario de lo que hace el resto de vendedores que es relajarse, tú vas a aprovechar esa energía que sientes al haber cumplido tus metas y vamos a por una meta superior. Elige una meta que te desafíe a sacar tu máximo potencial, algo tan grande que te estimule a lograrlo, que te llene tanto que al pensar en ello te haga saltar de la cama sin despertador, algo que haga sacar toda esa energía y poder que reside en ti. Anótala y comienza desde hoy a trabajar por y para ello no esperes al año que viene, esto es lo que haría un vendedor mediocre, pero tú ya eres un gran vendedor ya lo has elegido y esto es una de las cosas que te permitirá ir por delante de los demás vendedores, es algo que marcará la gran diferencia, cuando otros vendedores están pensando en darse un suspiro, tú continúas a por más y mejores ventas.

Elimina Las Distracciones Y Comienza A Ser Un Vendedor Más Grande.

30 DICIEMBRE

Mantén los ojos abiertos hacia tu objetivo es una de las cualidades más importantes que debes tener. No te dejes distraer por los obstáculos que vas a encontrar por el camino en los que se incluyen, familiares, amigos, sociedad, pensamientos, miedo, culpa..... debes elevarte por encima de todo esto, ser más grande que tus miedos. Enfócate en tu meta y todo esto comenzará a ser secundario. Piensa que de una misma fuente no puede salir agua dulce y agua salada, por eso los que critican solo pueden estar pendientes de aquello que critican y no de sus metas y vidas. Pero si tú sabes hacia dónde vas puede que te aparezca la incertidumbre por el temor a lo desconocido, sin embargo como tienes claridad en lo que quieres esto permita ver el camino iluminado. Cuanto mejor vendedor seas más expuesto estarás a las críticas, pero solo debes observar a esas personas. ¿Dónde están ellos? ¿Y hacia dónde te diriges tú? no dejes de vender nada por el miedo a lo que digan los demás, pueden criticarte, pero no permitas que nadie te ponga un cliché con lo que debes o no debes ser.

No Aceptes Que Nadie Defina La Clase De Vendedor Que Eres.

¡Defínete Tú!

31 DICIEMBRE

Despide el año con el profundo deseo de hacer llegar bendiciones y éxitos personales y profesionales a todos tus clientes y personas con las que hayas mantenido contacto este año y así mismo a todas las que están por llegar. Una vez mandadas tus bendiciones comienza a planificar tus metas para el próximo año, los vendedores y personas de grandes éxitos siempre planifican sus metas por adelantado, por escrito y con auténtica fe de que van a obtener el mejor resultado. Cuando esperas lo mejor en el área de tus ventas lo mejor vendrá, porque al pensarlo y plasmarlo por escrito lo estarás atrayendo hacia ti. Recuerda que todo lo que pienses acerca de tus ventas es lo que recibes, es decir si temes no vender, no venderás, si te resistes alguna situación o cosa esta persistirá por lo tanto lo que mires y recuerdes aunque sea del pasado y ya no permanezca al presente, lo estarás volviendo a crear, bórralo de tu experiencia como si de una goma de borrar se tratara porque todo aquello que elijas será lo que experimentes. No dudes nunca de este gran poder y espera siempre lo mejor. Observa cómo cada una de las necesidades de tus clientes quedan satisfechas y por consecuencia las tuyas. Espera crecer en abundancia, no aceptes ninguna limitación como vendedor, reconoce que eres un gran vendedor, bueno y perfecto.

¡Feliz Año Y Felices Ventas!

Quiero recordarte la importancia de permanecer en:

GRUPO DE VENDEDORES COMPROMETIDOS.

Si ya has tomado la decisión de ser un vendedor exitoso, vamos a crear un grupo de vendedores comprometidos.

¿Has oído alguna vez el dicho, DIME CON QUIÉN VAS Y TE DIRÉ QUIÉN ERES?

Es totalmente cierto, porque vibraciones similares vibran juntas, lo que quiere decir que tus pensamientos y emociones emiten una señal y las personas con las que más tiempo pasas están emitiendo la misma señal.

Dicho de otro modo, en el universo nada reposa, todo se mueve, es decir, desde el TODO como principio creador, hasta la materia, todo es vibración, todo es energía que sintoniza con aquellas variables de la vida que emiten la misma señal y son atraídas entre sí por ley de atracción.

Pero.

¿Cómo sé que vibración emito?

Si tienes un pensamiento, este emite una vibración, este pensamiento desencadena una emoción y esta otra vibración.

Nuestros pensamientos y emociones están conectados y uno desencadena el otro y viceversa.

EJEMPLO.

Si yo digo la palabra VENTAS, cualquiera de nosotros solo de pensarla emite una vibración, este pensamiento será positivo o negativo, depende de tus creencias y tu experiencia.

Es inevitable emitir una vibración, aunque no seas consciente de ello, es así.

Entonces, si todo en el universo vibra, dependiendo de la frecuencia que sea predominante en ti, la que emana de tus pensamientos y emociones, es lo que va a empatizarse contigo.

Así de simple.

Generalmente no somos conscientes de lo que esto significa, porque no lo podemos ver, pero es así, nuestros pensamientos atraen una vibración igual, situaciones, personas, trabajo, dinero, salud..... etc., y lo hacemos por defecto.

Si haces consciencia de esto, entenderás la importancia del porque pertenecer a un grupo de vendedor@s con similares objetivos, mismas vibraciones, desarrollo en el crecimiento profesional y personal, en el mismo proceso donde tú te encuentras ahora o donde quieres llegar, cambiando tus pensamientos, tomando acción, inspirándote para llevar a un siguiente nivel tus ventas y lograr tus objetivos, todo lo que estás haciendo con este libro y sintiéndote acompañado en este proceso.

Ya sabes que el primer cambio empieza por ti y por tu mentalidad. Con todo el cambio estás aumentando la vibración, solamente leyendo y haciendo los ejercicios de este libro ya estás reacondicionando tu mente, estás leyendo y pensando en palabras de más alta vibración, ahora también sabes que tu interior refleja tu exterior, por eso tu entorno tiene que cambiar.

Uno de los problemas que tuve yo cuando me comprometí a cambiar fue mi entorno, mi vibración cambiaba, estaba cada día más comprometida, mi nivel de energía era superior, me di cuenta que la sociedad no estaba comprometida con todo esto y me sentía sola, entonces sin darme cuenta volvía a bajar el nivel a la altura de las circunstancias y esto los único que hacia es alargar el proceso.

Este es el motivo por el cual no quiero que a ti te pase, tú no tienes que permitir esto, tus sueños deben estar por encima de todo.

Para que esto no ocurra, he creado el grupo de vendedor@s comprometidos, un grupo donde todos los miembros miremos en la misma dirección, comprometernos con nuestras metas en las ventas, un grupo de personas que hayan leído este libro, sabremos que están comprometidas por que habrán generado una vibración de energía con un mismo patrón de crecimiento, basándonos en todo lo que hemos aprendido, con la misma base creada, desarrollada y experimentada en este libro, es decir, nos entenderemos "hablando el mismo idioma".

El grupo creará un filtro natural de personas comprometidas, todos los miembros de este grupo sentirán que la adquisición de este libro no ha sido un gasto, sino una inversión.

En el grupo, estudiaremos el libro, compartiremos ejercicios, técnicas de ventas, anécdotas, nos impulsaremos los unos a los otros a vender con valores, ayudándonos entre nosotros, podemos generar sinergias para nosotros y con nuestros clientes y así aumentar nuestra cartera, conocernos, exponer cada uno nuestros objetivos…. etc.

Con esta nueva energía del grupo, ya no te sentirás solo, estarás acompañado de vendedores que piensan como tú.

Ya sabes que algunos vendedor@s pasan mucho tiempo solos y en alguna ocasión se juntan a tomar café con algún compañero, he podido observar que, en bastantes ocasiones el tema de conversación suele ser negativo, en estas conversaciones se suelen escuchar frases como:

está todo vendido, hace calor, hace frío, la competencia, voy a ver si hay suerte..... etc., entrando en un bucle cargado de energía negativa que nos absorbe y no nos permite avanzar hacia nuestros objetivos.

Esto es lo que tenemos que evitar en el grupo, trabajaremos para que el objetivo sea este, hacer totalmente lo contrario, impulsaros, motivaros, con ganas e intención para lograrlo.

¡Únete a este sueño!

Dejar un mundo de vendedor@s comprometidos, abundantes y felices, vendiendo y ayudando a los demás con sus productos, haciendo de su profesión su pasión.

Sé que al principio pude resultar algo fantasioso e incómodo, pero nada más lejos de la realidad, la satisfacción de conseguir las ventas a través de este cambio de energía, te cambiará la visión de la vida y atraerás muchas más ventas con placer profesional y personal cambiando tu filosofía de vida.

¡Nunca dejes de soñar!

Solo tienes que salir de tu zona de confort y ponerte ahora incómodo, vender tiene que ser tu obsesión, déjate la vida en ello si es necesario, haz ahora lo que nadie hace para después vivir como nadie puede. Ahora tienes energía y vitalidad, aprovéchala.

¿Sabes?

Cuando me junto con vendedores ya retirados o a punto de retirarse siempre me dicen lo mismo.

- Si yo fuera joven volvería a elegir esta profesión, me formaría e implicaría para vender más que nadie, disfrutaría al máximo del arte de vender.

Tú ahora estás en el punto donde estaban ellos hace años, pero pronto tu vida habrá terminado y te preguntarás:

¿Qué hice con este regalo que se me dio?

¿Lo aproveché al máximo?

¿Te has dado cuenta de lo rápido que pasa el tiempo?

¿Qué vas hacer para acercarte a tus sueños y cambiar todo lo que no te gusta de tu vida y tus ventas?

Hay una frase de Buda que dice:

EL PROBLEMA DE LA HUMANIDAD ES QUE SE CREE QUE TIENE TIEMPO.

No existe el tiempo adecuado para empezar, solo existen oportunidades perdidas.

HA LLEGADO EL MOMENTO DE ELEGIR.... ¿TE COMPROMETES?

¡LO QUE DAS VUELVE A TI MULTIPLICADO!

Si te ha gustado este libro y crees que puede ayudar a otras personas, si te has sentido identificado con estos principios, si te ha dado paz, si crees que has aprendido algo útil para tu vida y tus ventas, si te has sentido más feliz, si te ha inspirado, si has sentido algo de esto en algún momento del libro y quieres ayudarme de corazón, entra en la página de Facebook: Carolina Rodrigo Fuentes "PIENSA, VENDE, AMA". Dale a me gusta y comencemos a compartir todo lo que has aprendido, interactúa con las personas del grupo, lo importante es que se cree esta mentalidad y podamos ayudarnos a dejar un mundo mejor.

Para que más personas puedan unirse a este grupo y utilizar lo aprendido en este libro, puedes hacerte una foto con el libro, acompañándola con el comentario:

YO PIENSO, VENDO Y AMO ¿Y TÚ?

Compártela en:

INSTAGRAM, FACEBOOK.

También puedes contactar conmigoy enviarme tu foto con el libro a través de:

Facebook: CAROLINA RODRIGO FUENTES

Instagram: #carolinarodrigofuentes.

Web. www.carolinarodrigofuentes.com

Espero que me escribas y me cuentes tu experiencia después de haber leído el libro, estaré encantada de escucharte.

GRACIAS, ESTOY ENTUSIASMADA POR TUS EXITOS

"La Voz de tu Alma"

Querido lector, quiero hablarte de nuevo del libro que cambió mi vida para siempre y su autor, LAIN porque gracias a él tú estás leyendo ahora este libro.

La Voz de tu Alma con todo respeto, es mi Biblia personal, un libro que todo el mundo debería leer por lo menos una vez en su vida, es un manual donde Lain explica los principios de las leyes universales de una manera tan sencilla, práctica y amena que hasta un niño podría entender.

Puede sonar como mágico pero desde el momento que el libro llega a tus manos, puedes notar la energía que desprende, conforme vas leyendo tu vida ya no vuelve a ser la misma. Es un libro que está bendecido para bendecir.

Gracias infinitas, Lain, por tu gran misión de vida, gracias a ti y a tus libros porque cada vez somos más personas dejando nuestra semillita para contribuir a dejar un mundo mejor, porque estuvimos en él.

Si tú también quieres dejar tu semillita, entra en:

www.laingarciacalvo.com